No te desalientes ¡No pierdas la fe!
Una guía para ayudar a las mujeres a afrontar la viudez

Por:

Mary Beth Woll, MA, LMHC
Linda Smith, BS
Dr. Paul Meier

Reseñas

En 2015, fui coautor del libro *"Growing Stronger: 12 Guidelines to Turn Your Darkest Hour into Your Greatest Victory"* (Cómo crecer fortalecido: doce directrices para transformar los momentos más oscuros en tu mayor victoria) con la terapeuta de la Clínica Meier, Mary Beth Woll. Deseábamos ofrecer a la Iglesia una fuente de esperanza y ayuda para las mujeres que atraviesan por una crisis, una experiencia traumática, depresión o duelo.

Cuatro años después, Mary Beth enfrentó el mayor dolor y sufrimiento de su vida al enviudar repentinamente después del fallecimiento de Bob, su amado esposo desde hacía treinta y nueve años. Después de superar los primeros dieciocho meses más difíciles sin Bob a su lado, Mary Beth y la profesora y consejera Linda Smith, también viuda, revisaron y adaptaron "Growing Stronger" pensando especialmente en las necesidades de las mujeres que enviudan.

Como fundador de la cadena nacional de Clínicas Meier, recomiendo la lectura del libro *No te desalientes ¡No pierdas la fe!* a manera de estudio grupal o a título personal para las viudas, ya que fue escrito por dos mujeres que conocen y se identifican con su dolor.

Dr. Paul Meier
Fundador de la cadena nacional de las Clínicas Meier

Entre las emociones que afectan al ser humano, el duelo es una de las más profundas y dolorosas. La pérdida del cónyuge desencadena una serie de sentimientos, desde la tristeza y el enojo hasta la angustia y la desesperanza. Uno se sumerge en un mundo inimaginable e inesperado. Hasta el más mínimo detalle, aparentemente insignificante, puede provocar un torrente de lágrimas. Puede ser aterrador, desolador, confuso y abrumador aprender a vivir sin el amor de tu vida.

No hay necesidad de atravesar este oscuro valle solas. El apoyo afectivo de quienes han pasado por lo mismo puede ser una fuente de esperanza para un corazón que sufre. Las coautoras, Mary Beth Woll y Linda Smith, son precisamente ese tipo de personas, ya que después de vivir su propio proceso de duelo, ahora ofrecen apoyo amoroso a quienes atraviesan la viudez. Basado en su amplia experiencia y conocimiento, el libro que ahora tienes en tus manos te ofrece la sabiduría de Dios, así como consejos prácticos que te ayudarán a afrontar tu propio proceso de duelo. Te sentirás alentada, fortalecida e inspirada para seguir adelante, un día a la vez e incluso, en ocasiones, un minuto a la vez, para que no desalientes ni pierdas la fe.

Rev. Diane Fink
Centro Cristiano Sonrise, Everett, WA, Ministerios CCF, Lowell, MS

Reseñas

¡Durante muchos años sentí una gran inquietud por las viudas en el ministerio! Me preguntaba, ¿quién cuida y las ayuda a afrontar este duelo? El 11 de septiembre de 2019, quedé viuda después de cuarenta y ocho años de matrimonio y descubrí que había poco apoyo para las viudas en el ministerio. Creo que *No te desalientes ¡No pierdas la fe!* es un libro que debe leerse y estudiarse a manera de guía para seguir adelante en el terreno desconocido de la viudez.

Durante los primeros nueve meses de mi viudez no encontré consejeros para viudas que me pudieran ayudar a afrontar este proceso hasta que Mary Beth y Linda me brindaron un apoyo reconfortante. Doy gracias a Dios por sus vidas y el apoyo amoroso que me ha ayudado inmensamente en el proceso del duelo. Como dato interesante, más de mil pastores murieron durante la pandemia del COVID-19 en México, por lo que recomiendo que aproveches este libro como un manual para afrontar tu duelo que es real, difícil y desafiante.

Ruth Ost viuda de Martínez
Maestra de la Biblia y Conferencista
Instituto Ministerial El Calvario Comisión de Recursos para el Maestro

Al leer No te desalientes ¡No pierdas la fe! encontré algunas palabras que, a mi parecer, reflejan el mensaje que encierran sus páginas, tales como veraz, bíblico, transparente, honesto, alentador, esperanzador y es muy útil.

Sé que *No te desalientes ¡No pierdas la fe!* será de gran ayuda y aliento para las mujeres que atraviesan un momento de transición para asumir su "nueva realidad" como viudas. Mary Beth Woll, Linda Smith y el Dr. Paul Meier se esmeraron para plasmar en este libro la comprensión, la compasión y la verdad. El libro es una "lectura obligada" para cualquier mujer que necesite ayuda para superar este momento en su vida.

Para mi esposa Faith y para mí, este libro tiene un significado especial ya que fuimos algunos de los que acompañaron a Mary Beth durante esos primeros días de transición tras la pérdida de su esposo Bob. Nos alegra mucho ver los avances que ha logrado. Ha convertido su pérdida en una bendición para muchas otras personas.

Rev. Doug Martin
Pastor Asociado/Anciano Centro Cristiano Sonrise

Reseñas

Inspiradas en su dolor desgarrador y la pérdida que implica la viudez, Mary Beth Woll y Linda Smith nos ofrecen una guía práctica de esperanza y sanidad para quienes atraviesan un duelo. Sus experiencias y devoción a Dios, junto con el ministerio tan notable que ha tenido el Dr. Paul Meier durante décadas, ofrecen una guía basada en fundamentos bíblicos y compasión para las mujeres que acaban de enviudar, así como una herramienta eficaz para quienes decidan ayudarlas en grupos pequeños de apoyo. El libro *No te desalientes ¡No pierdas la fe!* debería estar en el librero de cada viuda, ya que contiene ejercicios y preguntas pensadas con detenimiento, una comprensión profunda de las Sagradas Escrituras y el objetivo de anteponer a Dios sobre todas las cosas.

Carolyn Underhill, esposa de Pastor
Directora del Ministerio de la Mujer
Profesora de "Grace-Notes", una clase sobre la Biblia diseñada para mujeres que asisten solas a la iglesia

Recomiendo ampliamente la lectura de este libro, especialmente si eres viuda o estás atravesando por un profundo duelo.

Mary Beth ha pasado por el "fuego" que supone la viudez. Ha depositado su confianza en Dios, y lo honra al reconfortar a otras como ella fue consolada por Dios.

Con el corazón destrozado, que Dios ha estado sanando desde el mes de junio de 2019, cuando su querido esposo y hermano en el Señor, Bob, partió hacia su recompensa eterna, Mary Beth ha querido compartir con los demás sus propios recursos, deseando, de todo corazón, que quienes lloran sean consolados. Es precisamente este dolor lo que ha permitido que la luz de Jesús brille en medio de un mundo que sufre, mientras Mary Beth se esfuerza por ser una sierva fiel ayudando a sus hermanos en la fe que más lo necesitan.

Conocí a Mary Beth y a Bob cuando fui a la Escuela Bíblica a principios de los años setenta, pero me acerqué a ellos a través de Internet en un momento muy difícil, durante los últimos meses antes de que el Señor llamara a Bob a la Gloria. Nuestras iglesias en Dieppe y París, Francia, han sido centros de salvación para los afligidos, y el Señor siempre nos ha dado las Promesas en Su Palabra, y la misión de seguir adelante en Su unción, ¡para sanar esos corazones!

Rev. Marcos Ost
Pastor del Centro de Fe, Esperanza y Amor
Zona metropolitana de París

Reseñas

Caminar con Mary Beth Woll a lo largo de los años mientras procesaba sus traumas, ha sido un trayecto maravilloso. El año pasado, cuando Mary Beth atravesó el duelo por la pérdida de su esposo, me abrió los ojos. Ella ha estudiado a fondo el proceso de la viudez. Felicito a Mary Beth por su deseo de ofrecer alivio en un mundo de dolor tan intenso como es el de la viudez. Sé que al leer este libro, explorar los mensajes y las palabras de sabiduría y hacer los ejercicios recomendados, encontrarás el camino para manejar tu propio duelo y ayudar a otros.

Lilla Marie, LMHC
Directora y terapeuta
Clínicas Meier

Cuando mi esposo J.R. partió para reunirse con el Señor en mayo de 2018, comencé a experimentar un dolor que nunca antes había sentido. Afectó cada aspecto de mi vida y me invadió, a veces durante todo el día, una sensación extraña en todo mi cuerpo, como si tuviera fiebre. Afectó tanto mi salud física que mi sistema inmunológico se debilitó durante el primer año. El dolor no me dejaba concentrarme, tanto que a veces hacía barbaridades, como cuando conduje directamente hacia una caseta de peaje y destrocé la pluma de paso, ¡sin darme cuenta de lo que había hecho! El dolor me doblegó y me hizo entender que necesitaba ayuda para sobrevivir esta travesía por el valle de sombra de muerte.

Por eso me emocionó mucho cuando mi amiga Ruth Ost viuda de Martínez me invitó a integrarme a un grupo de apoyo en línea para compartir el dolor con Mary Beth Woll y Linda Smith. Esta ha sido una dulce experiencia de compañerismo con otras viudas en el ministerio. Es reconfortante saber que ellas están atravesando por el mismo tipo de pérdida. Aprendo mucho de cada una de ellas cuando comparten cómo han encontrado consuelo en Dios y las ha ayudado a fortalecerse.

Me complace recomendar el nuevo libro de Woll y Smith, *No te desalientes ¡No pierdas la fe!* que aborda temas impactantes y reconfortantes inspirados en el Capítulo 12 de la Carta a los Hebreos que habla de la gran nube de testigos que nos rodea y alienta a seguir adelante. Si nos alimentamos con la Palabra de Dios y recibimos el aliento amoroso de otras viudas en la fe, ¡podremos correr la carrera que tenemos por delante!

Con amor en Jesús,

Nancy Honeytree Miller
Cantante y compositora

Reseñas

Vivimos en una época y en una cultura en las que la juventud se valora más y se menosprecia a quienes tienen experiencia de vida, especialmente a los que han sufrido pérdidas personales, como las viudas. El resultado es una generación de jóvenes en orfandad espiritual, sin ancla ni apoyo. No obstante, creo que Dios está cambiando esta desafortunada tendencia. Él está haciendo que los corazones de los padres se vuelvan hacia los hijos, y el corazón de los hijos hacia sus padres y las madres espirituales (Malaquías 4:6). Y para ello la Iglesia necesita viudas sanas y fortalecidas.

Hay muy pocas cosas en la vida tan importantes como ser necesitado y tener desde dónde ayudar a otros en sus travesías. Los autores de *No te desalientes ¡No pierdas la fe!* hacen una labor maravillosa al brindar esa esperanza y ese lugar de sanidad para que las viudas puedan superar su pérdida y no solo consolar a otros (2 Corintios 1:4), sino también ayudar a transformar a las generaciones del mañana.

Tengo el privilegio de recomendar *No te desalientes ¡No pierdas la fe!* no solo por los beneficios que aporta su contenido, sino también como una guía de estudio para ayudar a pequeños grupos en el proceso de sanidad y recuperación.

Dr. Alec E. Rowlands
Pastor Principal de Westgate Chapel
Fundador de Church Awakening

Después de estar casados durante cuarenta y ocho años y una amistad de cincuenta y un años, Kay y yo no podemos imaginar el enorme vacío que se creará el día en el que inevitablemente, uno de nosotros pierda al otro. Es devastador el trauma creado por la pérdida repentina o gradual de tu cónyuge. Cuando juntos se convierte en yo sola, entramos en shock y nos sentimos paralizadas y totalmente desorientadas. La pena consume cada aspecto de tu vida. En algún momento de la vida, cuando la persona en duelo comienza a salir de la niebla, *No te desalientes ¡No pierdas la fe!* se convertirá en un apoyo importante rumbo a su recuperación.

Milan Yerkovich
Coautor de: How We Love, How We Love Workbook,
How We Love our Kids (Cómo amamos y el cuaderno de trabajo Cómo amamos, Cómo amamos a nuestros hijos (www.howwelove.com)
Coconductor del programa de radio en vivo: New Life Live Radio
(www.newlife.com)
Fundador del centro de consejería: Relationship 180 counseling center
(www.relationship180.com).

ISBN versión impresa en inglés: 978-1-7362169-0-3
ISBN libro electrónico en inglés: 978-1-7362169-1-0
ISBN VERSIÓN EN ESPAÑOL: 978-1-7362169-4-1

Diseño de la portada: David Woll
Distribución de contenidos/ Edición independiente: Kristi Knowles

NO TE DESALIENTES.
¡NO PIERDAS LA FE!

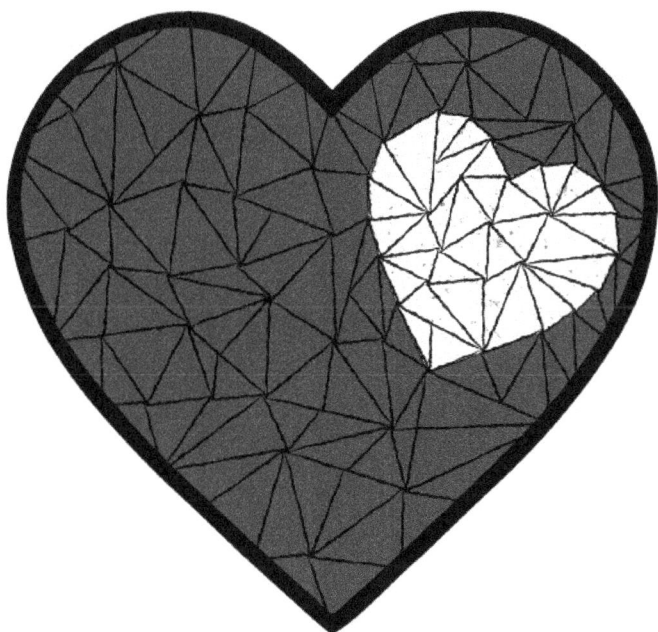

UNA GUÍA PARA AYUDAR A LAS MUJERES A AFRONTAR LA VIUDEZ

POR MARY BETH WOLL, MA, LMHC,
LINDA SMITH, BS, Y EL DR. PAUL MEIER

Dedicatoria

En memoria de
Kirby Smith y Bob Woll
quienes llegaron primero a la meta
y ahora nos alientan desde esa
"gran nube de testigos".

¡Estamos corriendo a paso firme!
¡Los veremos en la meta!

Con amor,
Linda y Mary Beth

Reconocimientos

Para Kristi Knowles, nuestra editora
extraordinaria, ¡con quien tenemos una enorme deuda de
gratitud y abrazos!

Infinitas gracias a David Woll, nuestro artista gráfico,
cuya experiencia cautivó la visión de nuestros corazones
impresa en la hermosa portada de este libro.

Muchas gracias a Rolland Wright por su liderazgo
tan profesional. Nos sentimos empoderadas con su inspiración.

Un agradecimiento especial al oficial Nathan Romaneschi,
de la Policía Estatal de Washington, quien nos
acompañó en nuestro camino. Estábamos escribiendo el
capítulo dos cuando nos conocimos.
¡Gracias, señor oficial

Contents

Prólogo

Es un honor y una inmensa alegría presentar a Mary Beth Woll y Linda Smith a las viudas de todo el mundo. Me resulta muy gratificante ver a las personas que descubren su *"quehacer"* para sanar, prosperar, crecer y caminar con valentía y confianza.

Si te comprometes, ellas te guiarán. Cuando te sientas desfallecer, ellas te sostendrán. Sus sabias palabras están llenas de compasión y comprensión.

Juntas, recorren el camino de la viudez. Juntas están procesando su dolor. Juntas, comparten consejos para procesar el dolor y alcanzar la plenitud.

No se trata de palabras huecas, sin sentido. Sus reflexiones surgen de un vínculo especialmente profundo. Mary Beth y Linda son amigas desde hace muchos años. Kirby, el esposo de Linda falleció seis años antes que Robert (Bob), el marido de Mary Beth, y ha sido la consejera de Mary Beth. Ambas han reconocido la providencia divina que puso a Linda al lado de Mary Beth. Ahora recorren juntas el camino del ministerio asesorando a otras personas en su duelo.

Creo que un viaje de ministerio a Columbia Falls, Montana, en el otoño de 2020, fue el catalizador que motivó a nuestras dos coautoras. Regresaron de Montana inspiradas con la visión de ayudar a otras viudas en su duelo. En el trayecto entre Spokane y casa, escribieron dos capítulos y terminaron de escribir el libro dos semanas después. De ese viaje surgieron otros recursos para el duelo.

En *No te desalientes ¡No pierdas la fe!* las coautoras abren sus corazones con la compasión que solo pueden sentir quienes han vivido esta experiencia. Ministran con la convicción inspirada en la segunda carta a los Corintios 1:3-7, motivadas para consolar como ellas han sido consoladas. *Si eres viuda, este libro te alentará. Si eres viuda, ellas entienden tu dolor.*

Esperamos que el libro que tienes en tus manos te ayude a ti y a otras viudas alrededor del mundo a sanar emocionalmente y, cuando hayas sanado, te permita brindar el consuelo que has recibido con otras viudas. Así, tu compasión se derramará sobre otras personas que sufren la pérdida de su cónyuge. Tú también puedes hacer una vida de ministerio para ayudar a quienes acaban de pasar por lo mismo que tú. *¿Considerarías la posibilidad de caminar junto a otras de la mano con el Proyecto para viudas?*

Al comprometerte en el proceso de consolar a otros, encontrarás un propósito y entusiasmo renovado para vivir.

- Rolland Wright, fundador de The Widows Project

THE **Widows** PROJECT

El Proyecto para viudas: The Widows Project (El Proyecto para viudas) es una organización religiosa fundada en 2015 en Everett, Washington en los Estados Unidos. Nos dedicamos a desarrollar recursos que ayuden a las viudas y los viudos a procesar su duelo, recobrar el sentido del equilibrio y adoptar un nuevo estilo de vida lleno de esperanza y optimismo, para que puedan superar la tristeza y la desesperación, y alcanzar la plenitud.

Para obtener más información o hacer un donativo, visita: www. thewidowsproject.org
www.thewidowsproject.org

Síguenos en Facebook en:
The Widows Project

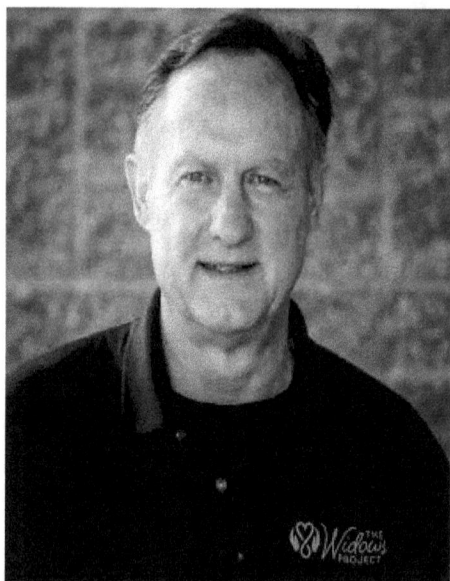

Rolland Wright:

Rolland Wright fue el fundador y presidente de The Widows Project, de 2015 a 2021. Fundó esta organización en 2015 para ayudar a las iglesias y organizaciones locales a brindar un mejor apoyo a las viudas. Es licenciado por la Universidad de Biola. Su profunda compasión por los que sufren le impulsó a escribir: "The Widows Project: Serving the Widowed with the Father's Heart" (El Proyecto para viudas: Al servicio de las viudas guiadas por el corazón del Padre).

No te desalientes ¡No pierdas la fe!

No te desalientes ¡No pierdas la fe! tiene un propósito y un objetivo muy claros: ofrecer a las viudas un apoyo de sanidad y restitución durante su proceso de duelo. Queremos ayudarlas a recuperarse de su dolorosa pérdida para que puedan seguir adelante y tener una vida más fructífera al servicio de Dios. ¡Incluso treinta, sesenta y cien veces más productivas que antes! (Marcos 4:20)

Como terapeuta (Mary Beth Woll, MA, LMHC) y psiquiatra (Paul Meier, MD), nos apasiona ayudar a la gente en esos momentos difíciles, y hemos dedicado nuestra vida profesional a esta causa. Amamos nuestro trabajo porque nos llena de alegría ayudar a otros. Las siguientes páginas ofrecen algunas reflexiones sobre la visión que Dios nos ha transmitido a lo largo de muchos años de ministerio como consejeros, así como sobre la experiencia personal que vivió Mary Beth tras el fallecimiento de Bob, su esposo durante treinta y nueve años.

Como viuda desde hace siete años, Linda Smith asesoró a Mary Beth y le brindó su amor durante los primeros días y más oscuros momentos de la viudez. Con formación en Educación Cristiana y ministerio eclesiástico, Linda también ha sido consejera de muchas otras mujeres a través de grupos pequeños, tutoría individual y apoyo en oración.

Dios nos ha mostrado que las iglesias locales deben ser un refugio para las viudas. Desafortunadamente, muchas iglesias no están preparadas para ofrecer este tipo de apoyo. Aunque nadie quiere que esto ocurra, las viudas a menudo pasan desapercibidas en la estructura de la iglesia. En ocasiones, los feligreses no saben cómo tenderles la mano, y el personal de la iglesia puede sentirse rebasado por sus necesidades.

Rolland Wright también entendió la necesidad de que la iglesia local brindara apoyo emocional esencial a las mujeres que sufrían la mayor pérdida de sus vidas. En respuesta a ello, en 2015 fundó The Widows Project y escribió un libro sobre su visión: *The Widows Project: Serving the Widowed with the Father's Heart (El Proyecto para viudas: Al servicio de las viudas guiadas por el corazón del Padre)*. El versículo que fundamenta el ministerio de Rolland es Santiago 1:27: "La religión pura y sin mácula delante de Dios el Padre es esta: Visitar a los huérfanos y a las viudas en sus tribulaciones, y guardarse sin mancha del mundo".

Este libro representa nuestra respuesta colectiva a las necesidades de las viudas en todo el mundo. Hemos diseñado este libro para su uso en pequeños grupos, con base en el programa de apoyo de trece semanas de GriefShare. Aunque el programa GriefShare es útil para las personas que sufren la pérdida de un ser querido, el curso de *No te desalientes ¡No pierdas la fe!* que consta de doce semanas de clases se escribió con el fin de ayudar a las viudas a afrontar su dolor y sus necesidades personales y específicas. Sin embargo, también se puede utilizar de manera individual.

Esperamos que este libro te ayude a aliviar tu dolor y que lo compartas con otra viuda que necesite el consuelo que tú has recibido de *No te desalientes ¡No pierdas la fe!* Que Dios te bendiga mientras sigues Sus enseñanzas en este proceso tan importante de tu vida.

Mary Beth Woll, MA, LMHC (licenciada en salud mental)
Terapeuta
Clínicas Meier

Linda Smith

Dr. Paul Meier
Fundador de la cadena nacional de las
Clínicas Meier

NO TE
DESALIENTES.
¡NO PIERDAS
LA FE!

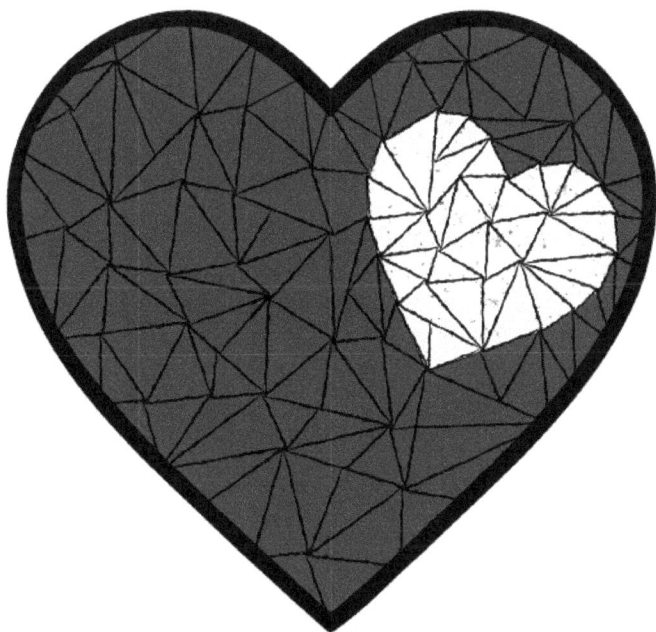

UNA GUÍA PARA AYUDAR A LAS
MUJERES A AFRONTAR LA VIUDEZ

POR MARY BETH WOLL, MA, LMHC,
LINDA SMITH, BS, Y EL DR. PAUL MEIER

Directriz #1 para fortalecerte

LO PRIMERO ES LO PRIMERO

Desarrolla una relación íntima con Jesús, porque será **imposible** superar tu **dolor** con tus propias fuerzas.

CAPÍTULO UNO
LO PRIMERO ES LO PRIMERO
PREDICAR LAS BUENAS NUEVAS A LOS POBRES

El Espíritu del Señor omnipotente está sobre mí, por cuanto me ha ungido para anunciar las buenas nuevas a los pobres" (Isaías 61:1, NVI).

Este hermoso pasaje de Isaías 61:1-4 describe la misión de Jesús hacia los necesitados. Jesús lo leyó en voz alta en la sinagoga, como se relata en el capítulo 4 del Evangelio de Lucas. Su ministerio, descrito en estos versículos, nos inspiró, a la terapeuta cristiana Mary Beth Woll, al psiquiatra cristiano Paul Meier y a la profesora y consejera cristiana Linda Smith, a escribir este libro. Isaías 61:1-4, junto con Hebreos 12:1-13 y las directrices que se desprenden de ellos, expresan el amor especial y la pasión que sentimos por ayudar a las viudas.

¿Quiénes son "los pobres"?
Aunque la palabra "pobre" se puede referir a quienes tienen necesidades económicas, también describe a los que son pobres de espíritu, emocional y espiritualmente, independientemente de su situación económica. Es la misma palabra que Jesús utilizó en el Sermón del Monte cuando dijo: "Bienaventurados los pobres de espíritu, porque de ellos es el Reino de los Cielos" (Mateo 5:3). Pero el "Reino de los Cielos" no solo se refiere a ese lugar eterno y perfecto donde Dios existe, sino a una vida nueva que comienza ahora, cuando entregamos nuestras vidas a Jesús. Todos enfrentamos situaciones en las que descubrimos que tenemos una necesidad y que somos incapaces de afrontarla por nosotras mismas; en otras palabras, somos pobres de espíritu. ¡Es entonces cuando estamos mejor preparados para recibir el Evangelio, las Buenas Nuevas, y pedir a Jesús que nos ayude! Él escucha nuestro clamor y nos abre el camino a nuevas posibilidades que pueden ser maravillosas. Elegimos vivir a Su manera a través de Su poder que actúa en y a través de nosotras.

Lo primero es lo primero
Quizá algunas de las lectoras de este libro ya conocen personalmente a Jesús y desean acercarse más a Él. Saben que están en camino al Cielo, pero necesitan Su sabiduría y fortaleza para superar su dolor. Saben que cuando confían en Jesús, tienen todo lo que necesitan. Romanos 8:32 (NLT) nos recuerda que "Él que no escatimó ni a su propio Hijo, sino que lo entregó por todas nosotras, ¿cómo no nos dará también con Él todas las cosas?"

Tal vez otras aún no tienen una relación personal con Jesús y se preguntan: "¿Cómo puedo conocer a Jesús?"

Una manera de entablar una relación personal con Dios es seguir "El Camino Romano". Cualquiera puede emprender este viaje que cambia la vida con Él, si entendemos y actuamos según estas verdades bíblicas básicas:

- **Todos somos pecadores y necesitamos un Salvador.** Romanos 3:23 dice: "Por cuanto todos pecaron, y están destituidos de la gloria de Dios".
- **Sin Jesús, estamos alejados de Dios, ahora y en la otra vida.** Romanos 6:23a dice: "Porque la paga del pecado es muerte...".
- **Pero con Jesús, podemos tener vida eterna, desde ahora.** Romanos 6:23b dice: "... más la dádiva de Dios es vida eterna en Cristo Jesús, Señor nuestro".

Entonces, tal vez te preguntes: "¿Qué debo hacer para tener esta vida eterna con Jesús?" Romanos 10:9-10 explica que:

"Si confiesas con tu boca que "Jesús es el Señor", y crees en tu corazón que Dios lo resucitó de entre los muertos, serás salvo. Porque con el corazón se cree para justicia, pero con la boca se confiesa para salvación".

Confía en Dios para que perdone tus pecados y entre en tu vida. Él te ofrece esto como un regalo; no es algo que te puedes ganar.

Puedes hacer esta oración si estás lista para establecer una relación personal con Jesús:

Jesús, Tú y yo sabemos que he cometido pecados en mi vida, que he hecho cosas que te han lastimado a Ti y a otros. Creo que moriste en la cruz y resucitaste para pagar mis pecados. Te pido que en este momento entres en mi corazón y te conviertas en el Señor de mi vida. Perdóname por los pecados que he cometido en el pasado o los que pueda cometer en el futuro. Amén.

Si hiciste esta oración por primera vez, Dios dice que has nacido de nuevo y estás en camino al Cielo.

Una perspectiva celestial para recibir ayuda aquí y ahora

Cuando una viuda piensa en el Cielo, suele preguntarse cómo será su relación con su esposo cuando todos los creyentes se reúnan con quienes ya están allá. Al final de cuentas, Dios nos creó para amar y ser amados. Ese es un deseo básico para quienes estamos aquí en la tierra. Muchas experimentamos la máxima expresión del amor a través de la relación sexual con nuestros esposos. Fue una experiencia íntima, satisfactoria y muy importante para nuestros matrimonios.

"En el principio", Dios creó el matrimonio para nosotras. En la intimidad y el compromiso, marido y mujer se convierten en uno solo. Es un misterio que no podemos comprender. Del mismo modo, no podemos explicar la manera en que Dios es como un Esposo y la Iglesia de Jesús como su Esposa. Esta es la máxima expresión del amor, más allá de nuestro entendimiento. Apocalipsis 21:4 nos dice: "Enjugará Dios toda lágrima de los ojos de ellos; y ya no habrá más muerte, ni habrá más llanto, ni clamor, ni dolor, porque las primeras cosas pasaron". ¿Nuestros matrimonios tendrían cabida en la experiencia celestial? Podemos haber tenido excelentes matrimonios, según los estándares terrenales, pero el amor del Cielo es perfecto.

Jesús explicó a sus discípulos que Él se marcharía para preparar nuestra morada en el Cielo, y que Él vendría a buscarnos en el momento justo. Así, Él también vino al encuentro de nuestros esposos en el momento indicado. Juan 14:1 (NTV) dice: "No dejen que el corazón se les llene de angustia; confíen en Dios y confíen también en Mí". ¿Por qué? Porque el amor celestial superará con creces todas las expresiones y experiencias terrenales. El amor de Dios va más allá de lo imaginable. No podemos comprenderlo ahora, aun cuando Cristo nos lo explicara detalladamente. Pablo menciona esto en 1 Corintios 2:9: "Cosas que ojo no vio, ni oído oyó, ni han subido en corazón de hombre, son las que Dios ha preparado para los que le aman". El gran amor que hemos experimentado en la tierra es tan solo una sombra de lo que encontraremos cuando lleguemos al Cielo y vivamos en el amor perfecto.

Ejercicio de reflexión

1. ¿Has recibido a Jesús como tu Salvador? En caso afirmativo, comparte tu experiencia con el grupo. Quizá algunas personas saben que lo han hecho, pero no recuerdan el momento exacto en que comenzaron su relación con Dios o tal vez experimentaron un encuentro distinto con Dios cuando confiaron por primera vez en Jesús.

   Cuando tenía seis años, el doctor Meier entregó su corazón a Jesús en la escuela dominical, pero a los dieciséis años volvió a dedicar su vida de una manera más significativa.

   A los cinco años, Mary Beth confesó entre lágrimas a su madre que le había mentido sobre algo. Su madre la perdonó y luego le recordó sabiamente: "Hay alguien más a quien tienes que pedir perdón, es a Dios". Entonces ayudó a Mary Beth para que orara y pidiera a Jesús que la perdonara y entrara en su corazón. Mientras Mary Beth crecía, también lo hacía su fe en Dios y su profunda relación personal con Él.

Linda era muy joven cuando conoció a Jesús y recuerda que, a medida que maduraba, fue haciendo una serie de promesas y renovando su compromiso con Él.

El momento en que cada persona se acerca a Jesús como Señor y Salvador es único e irrepetible, por lo que esperamos que compartan su experiencia personal con los demás.

_____

_____

_____

_____

_____

_____

_____

2. Si aún no has recibido a Jesús en tu corazón, ¿cómo te describirías de acuerdo a las siguientes opciones?: (a) lo sigues pensando, (b) aún tienes dudas sobre recibir a Jesús, o (c) aún no estás lista.

_____

_____

_____

_____

_____

_____

_____

_____

_____

3. Si respondiste la pregunta anterior con "a" o "b", el líder de tu grupo o tu Pastor con gusto responderán cualquier pregunta que puedas tener.

Al igual que con cualquier decisión importante, es recomendable pedir ayuda. Si estás lista, y te gustaría conocer a Jesús ahora mismo, haz esta oración de corazón:

Jesús, Tú y yo sabemos que he cometido pecados en mi vida, que he hecho cosas que te han lastimado a Ti y a otros. Creo que moriste en la cruz y resucitaste para pagar mis pecados. Te pido que en este momento entres en mi corazón y te conviertas en el Señor de mi vida. Perdóname por los pecados que he cometido en el pasado o los que pueda cometer en el futuro. Amén.

Directriz #2 para fortalecerte

NO SUFRAS SOLA

Entrega tu corazón quebrantado a Dios y a Su pueblo para
recibir sanidad de ambos.

CAPÍTULO DOS

NO SUFRAS SOLA
SANAR A LOS QUEBRANTADOS DE CORAZÓN

"El Espíritu del Señor omnipotente está sobre mí... me ha enviado a vendar a los quebrantados de corazón" (Isaías 61:1).

Cómo iniciar el proceso de sanidad

En la facultad de medicina aprendimos que si uno se fractura un brazo y éste sana correctamente, esa parte del brazo será más fuerte que el resto. Si en el futuro se volviera a fracturar ese brazo en un accidente, no se fracturaría en el mismo lugar. Del mismo modo, un corazón quebrantado puede ser una experiencia dolorosa. Casi todos hemos sentido este dolor alguna vez, pero cuando Dios sana nuestros corazones quebrantados, nos hace más fuertes de lo que éramos antes.

No sufras sola

Después de establecer una relación más íntima con Jesús, avanzamos hacia nuestra segunda etapa, aun en medio de nuestra soledad. En este momento, acercamos nuestros corazones quebrantados a Dios y a su pueblo amoroso, nuestros hermanos y hermanas en la fe. Podemos compartir nuestro sufrimiento con un amigo o familiar cercano, un pastor, un consejero o un grupo de apoyo para duelo.

Cuando se comparte una carga, ésta se aligera. El simple hecho de compartir tu sufrimiento con Dios y con una o varias personas compasivas posiblemente aliviará gran parte de tu dolor. Te recomendamos que te acerques a una viuda en la que puedas confiar, que ya haya atravesado su propio duelo y que pueda guiarte en este proceso. Al compartir tus sentimientos de dolor y pérdida, ella se identificará contigo porque ya vivió lo mismo. Ella sabrá reconocer el "valle de la sombra de la muerte" y te guiará a través de él. No se asustará ante la intensidad de tus emociones porque también las ha experimentado. Aunque cada viuda viva su propia experiencia de duelo, habrá muchos aspectos en común con los que podrá identificarse. Y mientras comparten su historia y oran juntas, Dios las sanará.

Por lo general, las personas que han sanado comparten con los demás la renovación que han recibido. Pero la sanidad es un proceso, como se describe en las Doce Directrices. Las dos primeras directrices son las más importantes y necesarias. Primero, confía en el amor de Jesús para que te apoye y te guíe; y segundo, entrégale tu corazón quebrantado y tus penas y compártelas con tus seres queridos.

Cuando empieces a sanar, recuerda lo que dice 1 Pedro 5:10 sobre Dios *"Él mismo nos perfeccionará, afirmará, fortalecerá y establecerá"* *(NTV).*

Jesús sana los corazones afligidos

Para Jesús, sanar los corazones quebrantados es fundamental, después de predicar el Evangelio. De hecho, Jesús dijo que toda la Ley puede resumirse en dos mandamientos. El primero: "Amarás al Señor tu Dios con todo tu corazón y con toda tu alma y con todas tus fuerzas y con toda tu mente", y el segundo: "Amarás a tu prójimo como a ti mismo" (Lucas 10:27). Para mostrarnos lo que significa amar al prójimo, Jesús nos cuenta la parábola del Buen Samaritano (Lucas 10:25-37). Leamos juntas esta historia y reflexionemos sobre las acciones de cada uno de los personajes.

La persona herida

La persona herida no es precisamente el protagonista de esta historia, pero debido a su devastadora pérdida, la viuda es quien mejor puede identificarse con este personaje. Apaleado severamente, el herido fue abandonado a su suerte. Dado que el esposo y la esposa se convierten en uno solo, cuando una mujer pierde a su conyugue, puede sentir que la mitad de sí misma ha muerto. Algunos estudios revelan que "las personas cuyos cónyuges acaban de morir tienen un 66% más de probabilidades de morir también durante los tres meses siguientes al fallecimiento de su cónyuge". (Leonard Holmes) Se conoce como el "Efecto de la viudez". De hecho, la viuda que tuvo una relación más profunda con su esposo corre un mayor riesgo de sufrir depresión tras su fallecimiento. Al igual que el hombre herido, las circunstancias de una viuda la pueden dejar desvalida y desesperadamente necesitada de ayuda. Incluso puede quedar temporalmente indefensa y depender de la bondad y los cuidados de los demás.

Dios comprende el estado vulnerable de la viuda y nos recuerda que "La religión pura y genuina a los ojos de Dios Padre significa cuidar de los huérfanos y de las viudas en sus tribulaciones" (Santiago 1:27 NTV).

El sacerdote y el levita

La persona herida esperaba que el sacerdote o el levita fueran los primeros en ayudarle. Del mismo modo, las mujeres que acaban de enviudar con frecuencia se sorprenden de quién se da cuenta o no de que están sufriendo. Aunque no sabemos por qué el sacerdote y el levita no se detuvieron, sí sabemos que Dios intervino para ayudar al herido de una manera inesperada, ¡a través de un samaritano!

El buen samaritano

El buen samaritano se dio cuenta del estado en que se encontraba el hombre herido y, a diferencia del sacerdote y el levita que cruzaron al otro lado del camino, se compadeció de él. El samaritano también estaba de paso pero reaccionó con compasión cuando vio al hombre herido. Dejó que su compasión lo impulsara a actuar. Necesitaba mover al herido del camino donde peligraba y llevarlo a un lugar seguro donde pudiera recuperarse. De la misma manera, las viudas pueden necesitar un refugio seguro para poder recuperarse. Para algunas, eso puede ser simplemente que alguien las escuche o las abrace mientras lloran.

El buen samaritano limpió las heridas del hombre con aceite y vino, una especie de primeros auxilios antiguos que proporcionaban propiedades calmantes y antisépticas. Cuando Jesús venda el corazón quebrantado de una viuda, en ocasiones se sirve de otros para ungir su alma con el "aceite" de la gracia y limpiar las heridas con el "vino" de la verdad. Necesitamos recibir tanto la gracia como la verdad de Dios y de los demás para sanar adecuadamente.

Tras la muerte de mi esposo Bob (explica Mary Beth), quedé temporalmente desvalida. No solo sufría por el dolor y la pérdida, sino que también estaba físicamente agotada. Debido a mi ferviente devoción por Bob y que no estaba dispuesta a apartarme de su lado durante su grave enfermedad y hospitalización, no dormía lo suficiente y padecía una anemia potencialmente mortal. Mis hijos ya adultos también estaban sufriendo una gran pérdida y cuidando de sus propios hijos, que echaban de menos a su abuelo Bob.

Familiares, amigos, vecinos y el personal de la iglesia dedicaron generosamente su tiempo, su dinero, sus servicios y su energía, pero yo necesitaba mayor atención para poder sanar mi cuerpo, mi alma y mi espíritu. Una amiga que conocí hacía más de 40 años reapareció en mi vida. Linda Smith había perdido a su amado esposo Kirby seis años antes. Ella conocía el camino de duelo que tenía por delante. En el funeral de Bob, Linda se me acercó, me miró fijamente a los ojos y me dijo:

"Volveremos a ser buenas amigas". En ese momento supe que Dios me estaba hablando a través de Linda. No imaginaba lo que sucedería después: viviría con Linda durante tres meses y medio mientras ella cuidaba de mí. Físicamente no era capaz de valerme por mí misma y estaba emocionalmente devastada. Experimenté un gran dolor y una profunda tristeza por mi pérdida. En este caso, yo era la persona lesionada, y como el buen samaritano, Linda cuidó de mí hasta que pude regresar a casa.

El mesonero

El buen samaritano no podía ayudarlo por sí solo. El herido necesitaba más ayuda de la que podía brindarle una sola persona. De manera similar, puede que ya haya recursos disponibles para la viuda, pero, al igual que el hombre herido, quizá se encuentre muy afligida y necesite ayuda para poder relacionarse. Habrá un vacío entre el momento en que dejan de traerle comida y el momento en que es capaz de valerse por sí misma, durante el cual la viuda necesitará ayuda, a veces incluso para hacer las tareas cotidianas.

Querida viuda, tenemos buenas noticias para ti. Aunque tu mundo pudiera haberse desmoronarse después del fallecimiento de tu esposo, hay personas que siguen de pie y te pueden ayudar. El don de servicio o la ayuda es un don espiritual que algunas personas practican habitualmente. Les encanta ayudar y tienen el don para hacerlo. Otros asumirán la responsabilidad de ayudarte porque se preocupan por ti y quieren bendecirte. Así lo dicen las escrituras. No existiría el buen samaritano si no hubiera habido un hombre herido. Lázaro no habría resucitado de entre los muertos si Jesús no hubiera atendido las súplicas de María y Marta. En la cárcel, Pablo necesitaba su túnica para abrigarse y sus pergaminos para poder escribir las Epístolas Paulinas para nosotras.

También hay personas a las que les gusta coordinar la ayuda. Deja que lo hagan y déjame a mí hacerlo. Te sugiero (dice Linda) que tú, o quien te esté apoyando, tomen dos hojas de papel para hacer el siguiente ejercicio. En una hoja escribe las tareas que hay que hacer y la fecha límite para realizarlas, si la hay. En la otra, anota los nombres de las personas que se ofrecieron a ayudar, incluso las que dijeron: "Avísame si necesitas algo" e incluye su información de contacto para que puedas contactarlas fácilmente. Luego, coteja la lista de pendientes con las personas que pueden ayudarte.

Pide a una persona cercana que se quede contigo y te ayude a organizar y administrar las tareas durante al menos las dos primeras semanas posteriores al fallecimiento de tu esposo; alguien que sepa cómo hacer las cosas. Ese es otro don. El duelo requiere de mucho tiempo, energía y atención, y no puedes hacerlo todo tú sola. Dios nos ha provisto de amigos y familiares para ayudarnos a atravesar estos momentos difíciles. No esperes que tus hijos se hagan cargo de tus necesidades, recuerda que ellos también están sufriendo. La buena noticia es que otras personas están dispuestas a ayudarte, deja que lo hagan.

Cuando tus asistentes hayan vuelto a sus casas, organizarte por la noche para la mañana siguiente puede ser de gran utilidad. Párate frente al espejo y mírate. Pregúntale "a la persona del espejo" qué podrías hacer por ella para demostrarle generosidad. "¿Necesitas salir a caminar?" Pregúntale qué tareas tiene que hacer mañana. "¿Necesitas ayuda con las tareas del hogar?" Anota estas cosas en una lista. Esto te ayudará a arrancar el día a la mañana siguiente. Algunas viudas lo pasan mal por las mañanas. Contar con un plan puede ser de gran ayuda.

La historia del buen samaritano nos hace pensar que el hombre herido acabó recuperándose y abandonó el mesón para volver a casa. El objetivo de sobrellevar las cargas de los demás es acompañarnos mutuamente en los momentos en que no podemos hacerlo solos. Y después de recuperar nuestras fuerzas, podremos, con la ayuda de Dios, retomar una vida fructífera, más fuertes que nunca.

Ejercicio de reflexión

1. A veces el dolor puede "dejarnos paralizadas", como en el caso del hombre herido, de tal manera que ni siquiera somos capaces de pedir ayuda. En esos momentos de necesidad, debemos confiar en la fortaleza y la bondad de los demás. ¿Te ha pasado algo así? ¿Te ayudaron otras personas? ¿Cómo?

_____

_____

_____

_____

_____

_____

_____

_____

2. En cambio, otras veces podemos pedir ayuda, aunque nos cueste trabajo hacerlo. Lee Gálatas 6:2-5. ¿Cuándo debemos ayudarnos mutuamente a llevar nuestras cargas, y cuándo debemos llevar nuestra propia carga?

Estos versículos parecen contradecirse en algunas traducciones de la Biblia. En uno nos dicen que llevemos nuestras propias cargas. Y en otro versículo del mismo pasaje, dice que debemos llevar las cargas de los demás para así cumplir la ley de Cristo. ¿Se contradicen? No, en la versión original en griego, estos versículos son muy claros. Lo que tratan de decirnos es que todos debemos sobrellevar nuestras cargas emocionales normales. No debemos depender de otros para hacer lo que somos plenamente capaces de manejar nosotras mismas. Al contrario, debemos sobrellevar las "sobrecargas" de los demás para cumplir la ley de Cristo.

Si salieras de excursión con tus amigos, cada uno llevaría su propia mochila. Pretender que alguien más deba llevar también la tuya refleja flojera y dependencia, pero es posible que quien vaya a cocinar tenga que cargar con el peso extra de ollas y sartenes. En ese caso, el resto del grupo debería ayudarla a llevar su sobrecarga y así cumplir la ley de Cristo.

Cuando te acercas a un amigo para expresarle tu dolor, tu espíritu quebrantado y tu abrumadora carga, ¡estás haciendo lo correcto! También le estás dando la maravillosa oportunidad de ayudarte a sanar y crecer emocional y espiritualmente. Cuando te fortalezcas, te sentirás dichoso de poder llevar también las sobrecargas de los demás.

_____

_____

_____

_____

_____

_____

_____

3. Cada una de nosotras podría fácilmente representar el papel de cualquiera de los personajes de la parábola del Buen Samaritano. ¿Con cuál de estas personas te identificas más en este momento y por qué?

_____

_____

_____

_____

_____

4. Las reacciones del sacerdote y del levita resultan inesperadas, ya que ambos se dedicaban "al ministerio" en aquella época. ¿Hay personas en tu vida que pensabas que te ayudarían y no lo hicieron? ¿Crees que tuvieron alguna razón para no ayudarte? Dedica unos momentos para perdonarles por no haberte ayudado en un momento de gran necesidad.

_____

_____

_____

_____

_____

_____

_____

_____

5. Al final de la parábola, Jesús nos dice: "Ve y haz lo mismo" (Lucas 10:37). Siempre hay un momento para recibir apoyo de los demás y otro para darlo. Describe algún momento en el que tú, o un ser querido, han sido "los quebrantados de corazón". Describe una ocasión en la que hayas sido tú quien se acercó para ayudar a alguien más.

_____

_____

_____

_____

_____

_____

_____

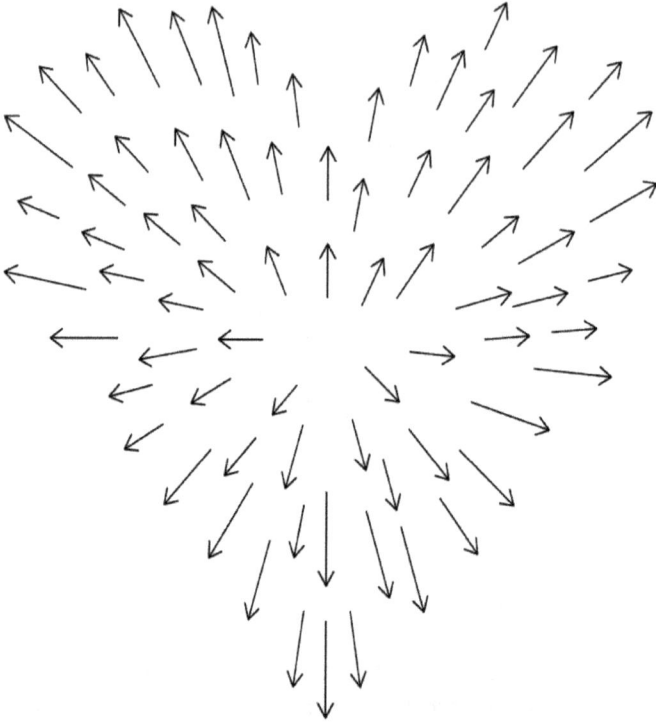

Poco después de la muerte de Bob, el esposo de Mary Beth, el Señor le mostró una imagen de su corazón, que parecía como si hubiera estallado en pedazos.

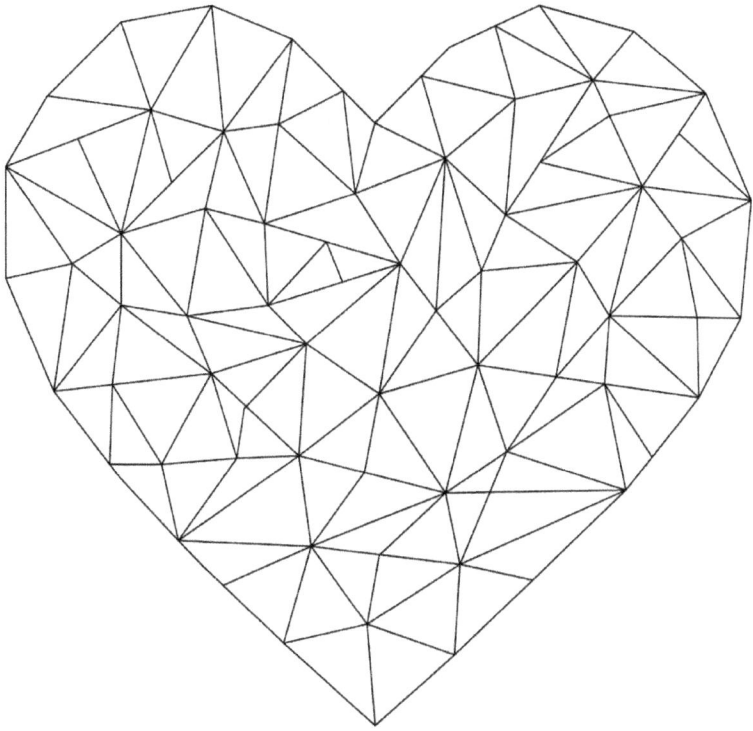

Cuando Dios sanó su corazón quebrantado, Él juntó todos los fragmentos, los unió de nuevo y creó algo nuevo y hermoso.

Salmos 147:3 "Él sana a los de corazón quebrantado y les venda las heridas" (NTV).

Directriz #3 para fortalecerte

LAS CONEXIONES TE LLEVAN A LA LIBERTAD

Para sanar realmente, debes aprender a compartir tu historia con personas confiables y queridas,
así como con Jesús.

CAPÍTULO TRES
LAS CONEXIONES TE LLEVAN A LA LIBERTAD
PROCLAMAR LIBERTAD A LOS CAUTIVOS

"El Espíritu del Señor soberano está sobre mí...me ha enviado a proclamar que los cautivos serán liberados y que los prisioneros serán puestos en libertad" (Isaías 61:1).

¡Jesús ha venido a proclamar la libertad para los cautivos y a liberar a los prisioneros de la oscuridad! ¡Qué noticia tan maravillosa! Hemos hablado de la liberación del pecado, pero ¿qué significa realmente para una viuda liberarse de la oscura prisión del dolor?

Liberarse de la esclavitud del dolor

Hay personas que necesitan ayuda para afrontar el dolor. Al principio, la viuda se siente como si estuviera esclavizada por el sufrimiento, siente que el dolor nunca terminará y que jamás volverá a experimentar amor y alegría. Pero quienes ya han superado el duelo pueden asegurar a quien ha enviudado recientemente que hay esperanza. Ellas han encontrado la libertad, ¡y ella también lo hará! Esto crea un maravilloso efecto en cadena, no solo en el caso de la viuda, ¡sino en las vidas de las generaciones venideras!

Harriet Tubman es un gran ejemplo de este tipo de efecto dominó. Cristiana devota y heroína antes de la Guerra de Secesión en los Estados Unidos, Harriet fue personalmente responsable de la liberación de cientos de esclavos estadounidenses. Nacida en la esclavitud hacia 1820 (no sabía su fecha exacta de nacimiento), Harriet logró huir en 1849 pero regresó muchas veces para rescatar a familiares y a otras personas que aún no eran libres. Creó lo que en ese entonces se conocía como "El Ferrocarril Clandestino", un complejo sistema secreto de casas de seguridad para sacar clandestinamente a los esclavos del Sur y trasladarlos al Norte *del país para liberarlos (Biografía de Harriet Tubman, sin fecha).*

Antes de huir, Harriet dijo: Decidí que tenía derecho a dos cosas: a la libertad o a la muerte; si no podía tener una, tendría la otra" (Tubman). Posteriormente describió su experiencia para escapar de la esclavitud como "¡gloriosa". "Cuando vi que había cruzado esa línea, observé mis manos para asegurarme que era yo. Había tanta gloria por todas partes; el sol se asomaba como hilos de oro entre los árboles y sobre los campos, y me sentí como si estuviera en el Cielo".

Pero para Harriet disfrutar de esa libertad no fue suficiente. Estaba sola en esta tierra de libertad y quería compartirla con los demás. "Había atravesado la línea con la que tanto había soñado. Era libre, pero no había nadie que me diera la bienvenida a la libertad; era una extraña en una tierra desconocida".

Aunque físicamente no era fuerte, ya que había sufrido lesiones permanentes a causa de las palizas y los abusos que sufrió como esclava, Harriet era valiente e indomable. Esta versión moderna de "Moisés" se enfrentó a grandes peligros y penurias para poder liberar a otros. En su tiempo, el senador estadounidense William H. Seward se refirió a ella así: "La conozco desde hace mucho tiempo, y difícilmente puede haber un espíritu más noble y sublime o más verdadero, en un ser humano como el de ella".

Harriet juró valientemente que liberaría a muchos esclavos y decía:

> "He tomado esta solemne resolución: Si yo era libre, ellos también debían serlo; les daría un hogar en el Norte y, con la ayuda del Señor, los llevaría a todos allí. Oraba tanto en aquellos momentos, acostada sola sobre el suelo frío y húmedo. "Oh, amado Señor", le dije, "no tengo más amigo que Tú. ¡Ayúdame, Señor, porque estoy emproblemada!"

Y, en efecto, Él la ayudó, ya que llevó a cientos de esclavos hacia la libertad. Harriet se regocijó tanto de esta victoria que expresó lo siguiente: "Fui la conductora del Ferrocarril Clandestino durante ocho años, y puedo decir lo que la mayoría de los maquinistas no pueden decir; mi tren nunca se descarriló y nunca perdí a un pasajero".

Aunque parezca mentira, hubo quienes optaron por permanecer en la esclavitud. De manera similar, las viudas tenemos que tomar una decisión. ¿Queremos seguir sufriendo o procesar nuestra pérdida? Independientemente de que hayamos enviudado recientemente o lo seamos desde hace tiempo, todas necesitamos analizar nuestros propios hábitos y comportamientos de vez en cuando. ¿Nos hacen avanzar o nos mantienen esclavizadas al dolor?

Hacia la libertad

Al igual que Harriet Tubman, Dios ayudó a Moisés a liberar a su pueblo de la esclavitud en Egipto. En el desierto, el pueblo se quejó enérgicamente en contra de Dios y de Moisés. Se quejaban del maná, de las codornices, de la falta de agua y querían regresar a la esclavitud en Egipto. Algunos incluso deseaban la muerte. Habían olvidado cuál era su destino: la Tierra Prometida. Tomaron decisiones basadas en cómo se sentían, en lugar de recordar los planes que Dios tenía para ellos.

Una viuda puede reaccionar de la misma manera. Puede elegir reincorporarse a la vida, o puede tomar decisiones equivocadas para tratar de mitigar su dolor y así renunciar a su libertad. Aunque le proporcionen alivio a corto plazo, el trabajo excesivo, el desorden alimenticio, las compras compulsivas, el sexo, las drogas y el alcohol, e incluso volver a casarse demasiado pronto, terminarán por lastimarla. Como dice 1 de Timoteo 5:5 dice: "La viuda que solamente vive para el placer está espiritualmente muerta en vida". Estos comportamientos también pueden obstaculizar el proceso de duelo y aplazar la recuperación.

Pero existen otros patrones de conducta menos evidentes que también pueden entorpecer el proceso de duelo, como la autocompasión, la ira prolongada y evadir o ignorar las reacciones de dolor, que a veces son más difíciles de detectar, en lugar de afrontarlas. En estos casos, una viuda quizá necesite ayuda profesional.

Creando conexiones

En ocasiones, demorar el procesamiento del duelo no depende de nosotras. Distracciones como nuestra salud, la educación de los hijos, las cargas de trabajo y las preocupaciones económicas pueden absorbernos de tal manera que aparentemente no tengamos espacio para el duelo. No obstante, seguimos necesitando a Dios y a los demás para liberarnos de la esclavitud que representa el dolor. Cuando una mujer experimenta la devastadora pérdida de su esposo, puede elegir entre aislarse o relacionarse con los demás. Cada vez que comparte su historia de dolor con personas cercanas, esta conexión la hace avanzar y la acerca a la libertad.

Yo (relata Linda), me casé con Kirby Smith en abril de 1976. Poco después nos mudamos a Seattle, conseguimos trabajo y formamos una familia. Tuvimos dos hijos, Wendy y Tyler. En 2010, a Kirby le diagnosticaron leucemia linfocítica crónica (LLC). Wendy se casó con Cameron y tuvo dos hijos, Caz y Kayson, a los que queríamos mucho. Wendy y los niños solían visitarnos todos los miércoles. Era el mejor día de la semana.

Kirby decidió someterse a quimioterapia en 2012 para poder prolongar su vida. No quería dejarnos solos a Caz, Kayson y a mí. Aunque amaba a nuestros hijos, consideraba que nuestra labor para criar a nuestros hijos ya había terminado. Tyler había renovado su compromiso con Cristo en 2009 y estaba madurando espiritualmente muy rápido. Wendy y Cameron tenían una vida espiritual muy estable. ¡Gracias a Dios!

En enero de 2013, Tyler nos presentó al amor de su vida, Subha, quien vino a visitarnos en Año Nuevo y enseguida nos encariñamos con ella. Conoció a Kirby en el mejor momento de su vida.

Ese mismo mes, me diagnosticaron una fibrilación auricular grave y me dijeron que tendría que operarme para corregirla. La cirugía estaba programada para el 10 de abril.

En marzo de 2013, Kirby recayó y le insistí que fuera al médico, pero como había superado tantos episodios de LLC, no se dio cuenta de la gravedad de su enfermedad hasta que fue demasiado tarde. Wendy y Cameron, así como familiares y amigos cercanos, me acompañaron junto a su cama en el hospital, día tras día, orando por su salud y esperando que se curara, pero no fue así.

Tyler y Subha viajaron desde California para visitar a Kirby en el hospital. Tyler abrió su corazón a Kirby y dio gracias a Dios por haberle dado un padre tan maravilloso y espiritual. Kirby oró y bendijo a Tyler y Subha, después se despidieron y regresaron a California. Fue la última vez que lo vieron con vida.

Mis padres habían planeado viajar desde Minnesota para cuidarme después de mi operación de corazón del 10 de abril, pero la cirugía tuvo que posponerse. En lugar de eso, me ayudaron a despedir a mi dulce esposo. En las primeras horas del 16 de abril de 2013, Kirby partió de esta vida.

No hay palabras para expresar el vacío que sentí al salir del hospital sin mi querido esposo. Aunque seguiría rodeada de familiares y amigos, me parecía imposible salir adelante sin el amor de mi vida. No podía pensar en otra cosa más que en el dolor que sentí aquel día.

Mis padres, el reverendo Virgil y Ruth Rasmussen, son nuestros capellanes personales. Fue tan reconfortante tenerlos a mi lado. Me ayudaron muchísimo y estuvieron pendientes de mis necesidades. En mayo regresaron nuevamente a Seattle para mi cirugía de corazón, lo cual fue nuevamente una gran bendición. En esta ocasión, ¡se quedaron tres semanas!

Antes de que me operaran del corazón, me sentía muy débil, sin ganas de vivir. Sabía que Kirby estaba en el cielo y me hubiese gustado reunirme con él. Después de sobrevivir a mi cirugía, me di cuenta de que por alguna razón seguía viva. Empecé a afrontar mis pérdidas y a recuperarme. Tuve que aceptar el hecho de que Kirby no regresaría. El dolor físico de la operación de corazón me recordaba constantemente lo devastada que me sentía emocionalmente por la ausencia de Kirby.

Sabía que tenía que acercarme a Dios y conectar con la gente, y no encerrarme en mi propia y oscura prisión llena de dolor. ¡El hecho de que mis padres se quedaran conmigo fue una gran bendición! Ministraban a mi corazón de día y de noche. Mi familia y mis amistades me rodearon constantemente de amor y bondad. A veces era capaz de seguir con mi proceso de duelo y en otras ocasiones otros sabían qué hacer por mí. Me emocionaba cuando Wendy venía a casa con mis nietos para traerme la cena. Más de una persona me llamó para decirme: "Vamos a dar un paseo" o "Te invito a comer". Permanecer conectada con Dios y con personas que se preocupaban realmente por mí me liberó gradualmente de las garras del dolor.

Al compartir esta historia contigo, experimenté una sanidad aún más profunda. Si decides compartir tu historia con los demás, tú también podrás experimentar mayor libertad frente al dolor.

Ejercicio de reflexión

1. Si aún no lo has hecho, piensa con quién puedes compartir tu historia de duelo.

_____

_____

_____

_____

_____

_____

_____

_____

2. A medida que avanzamos en nuestro proceso de duelo, podremos descubrir patrones de conducta, de creencias y pensamientos que no nos ayudan. Al aplicar la Palabra de Dios para corregir estos aspectos, nos fortaleceremos y sentiremos libertad. ¿Cuáles son algunas de estas áreas de mejora en tu vida?

_____

_____

_____

_____

_____

_____

_____

3. Si te liberaras de estas conductas, ¿cómo cambiaría tu vida? ¿Cómo sería?

_____

_____

_____

_____

_____

_____

_____

_____

4. Como viudas, tal vez necesitemos la ayuda de otros para poder ser libres. ¿Cuáles son los aspectos en los que crees que necesitas la ayuda de otros para liberarte? ¿Sabes a quién podrías recurrir para que te ayude en este sentido?

_____

_____

_____

_____

_____

_____

_____

_____

_____

_____

Directriz #4 para fortalecerte

LIBÉRATE DE TODO LO QUE TE ESTORBA

Con la ayuda de Dios, ¡libérate de ello!

Capítulo Cuatro

Libérate de todo lo que te estorba
Con la ayuda de Dios, ¡libérate de ello!

"Por eso, también nosotras, que estamos rodeados de tantos testigos, dejemos a un lado lo que nos estorba, en especial el pecado que nos molesta, y corramos con paciencia la carrera que tenemos por delante" (Hebreos 12:1).

Algunas de nosotras fuimos bendecidas con un esposo amoroso y estamos libres de arrepentimientos significativos. Demos gracias a Dios por esta bendición. Puede que hayamos disfrutado de un matrimonio maravilloso con un compañero que nos amaba entrañablemente y nos alentaba en la vida. Nuestros esposos, quienes murieron en Cristo, ahora se han unido a esa gran nube de testigos, pero nosotras todavía tenemos una carrera por andar. Sin embargo, si queremos correr con fuerza y resistir mucho tiempo en esta carrera llamada vida cristiana, debemos liberarnos de las cosas que nos detienen.

¿Qué te impide avanzar?

Para liberarnos de los obstáculos, lo primero que tenemos que hacer es tomar una decisión. Debemos preguntarnos: "¿Estoy dispuesta a deshacerme de todo aquello que me ha estorbado?" Hasta que no respondamos con un rotundo "¡Sí!", seguiremos arrastrando lastres, y esas cargas no se desechan fácilmente. Debemos desprendernos de manera eficaz de todo lo que se interpone en nuestra carrera. Entonces otros podrán seguir nuestro ejemplo y liberarse de las cargas que les impiden avanzar.

¿Quieres ser libre?

En Juan 5:1-15 (RVR), leemos la historia de un hombre que yacía junto al estanque de Betesda, ya que sufría una enfermedad que le había incapacitado desde hace treinta y ocho años. Estaba acostado cerca del estanque rodeado de un gran número de personas con diferentes discapacidades, esperando a que llegara el momento en que un ángel descendiera al estanque para agitar el agua. Quien conseguía meterse en el agua primero quedaba curado de su enfermedad.

Jesús se acercó al estanque y vio a aquel hombre tendido allí. Sabiendo que había soportado la enfermedad durante mucho tiempo, Jesús le preguntó: "¿Quieres ser sano?" (v. 6).

¿Por qué le haría esta pregunta a un hombre que llevaba tanto tiempo esperando ser sanado?

"Señor, le respondió el enfermo, no tengo quien me meta en el estanque cuando se agita el agua; y entre tanto que yo voy, otro desciende antes que yo" (v. 7).

¡Ignoraba que, en ese mismo momento, estaba hablando con el Hijo de Dios que lo había creado a él y a todos los ángeles! Jesús no reveló su nombre ni regañó a este hombre por su actitud desvalida y sin esperanza. Simplemente le dijo: "Levántate, toma tu lecho y anda". Después de treinta y ocho largos años de espera, ¡el hombre fue sanado inmediatamente, levantó su lecho y caminó!

Y ahora, ¡Jesús nos invita, a través de Su Palabra, a despojarnos de todo lo que nos estorba! Así como el hombre del estanque, podemos elegir cómo responder a Jesús. Al principio, el hombre únicamente se enfocaba en una solución: el ángel que agitaba el agua, ya que era la única esperanza que tenía hasta ese momento.

Cuando el Hijo de Dios le habló, ¡no podía ver más allá de su propio "impedimento" y las milagrosas posibilidades que tenía frente a él! El hombre respondió argumentando lo siguiente: "Siempre ha sido así". Jesús le había encomendado una tarea que no solo requería de fe, sino también de obediencia. ¡Él creyó, obedeció, y fue sanado!

De igual forma, es posible que estemos bloqueadas por el dolor y no podamos identificar lo que obstaculiza nuestro proceso de duelo. Quizá no somos conscientes de la necesidad de cambiar o tal vez sí la reconocemos, pero hemos adoptado patrones equivocados para afrontar la situación que se han transformado en hábitos destructivos. Queremos ser libres, pero nos hemos acostumbrado con demasiada facilidad a nuestras cargas. Aventurarse en busca de la libertad implica asumir ciertos riegos que pueden parecer aterradores. O cuando intentamos cambiar y fracasamos, nos resignamos ante la derrota, como el hombre del estanque, quedando indefensas y sin esperanza.

Teniendo en cuenta todos estos retos, ¿cómo podemos enfrentar la tentación de resignarnos? Debemos renunciar con firmeza a nuestros viejos hábitos. Si queremos ser libres, nuestra primera y más importante decisión requiere tanto de fe como de acción: ¡LIBÉRATE DE ELLOS!

Con la ayuda de Dios, ¡libérate de ellos!

Cuando estemos listas para tomar esa decisión, ¿cómo podemos hacerlo? Tomar una decisión a la ligera puede funcionar durante un tiempo, pero un cambio profundo y permanente requiere algo más que una decisión y fuerza de voluntad. Para cambiar el rumbo de nuestra vida, necesitamos orientación precisa y mucho apoyo. Algunos grupos de apoyo para viudas, como GriefShare, ofrecen consuelo, solidaridad, aliento y estructura, de manera continua. Pero para poder aprovechar realmente este medio de apoyo, es indispensable mantenerse en contacto con Dios y con otros cristianos. ¡El aislamiento puede ser peligroso! Asiste a la iglesia, únete a un grupo de reflexión sobre la Biblia, y asegúrate de rodearte de quienes entienden la importancia de vivir una vida conforme a los principios de Dios y de desechar los comportamientos nocivos que te afectan.

Dios tiene grandes planes para todo aquel que acude a Él. En el Salmo 51:17 Él promete que no despreciará a nadie que se acerque a Él con el corazón contrito y quebrantado. Pero la humildad es solo el primer paso. ¡Dios no se detiene ahí! Si entregamos nuestras vidas a Dios, Él mismo te concederá "el deseo y el poder para hacer lo que a Él le agrada" (Filipenses 2:13, NTV). Así como en el caso del hombre en el estanque, Jesús nos fortalece para hacer lo que antes no éramos capaces de hacer por nosotras mismas. Jesús no solo nos ayuda, sino que nos brinda una red de apoyo a través del Cuerpo de Cristo, la Iglesia.

Mantén el rumbo

Más allá de la recuperación, ¡Dios tiene GRANDES sueños y planes para cada una de nosotras si caminamos con Él! Efesios 2:10 dice: "Porque somos hechura suya, creados en Cristo Jesús para hacer buenas obras, las cuales Dios preparó de antemano para que anduviésemos en ellas". Él quiere que nos impregnemos de Su Palabra, nos llenemos de Sus propósitos, ¡y luego le pidamos grandes cosas! Cuando hagamos esto, podremos confiar en que Su poder nos ayudará porque Él así lo ha prometido: "Si permanecen unidos a mí y mi mensaje permanece en ustedes, pidan lo que quieran y lo obtendrán" (Juan 15:7).

En momentos como éste, recuerda mantener tu mirada en Jesús, "el Autor y Consumador de nuestra fe" (Hebreos 12:2). Él ha comenzado la buena obra en ti, ¡y Él siempre termina lo que Él empieza! Él seguirá trabajando en ti y a través de ti hasta el día en que cruces la meta final en el Cielo (Filipenses 1:6).

¡Levántate de nuevo!

A veces las viudas tienen miedo de emprender un nuevo camino porque temen fracasar. Dar el primer paso puede requerir dejar a un lado el miedo al fracaso y darse cuenta de que en realidad es cierto: los seres humanos fracasarán. ¡Es por eso que necesitamos un Salvador! Jesús es el único ser humano perfecto que ha caminado sobre la Tierra, pero como también es Dios, ¡Él es capaz de perdonarnos y restaurarnos aun cuando no somos perfectas! Si fallamos, nos levantamos de nuevo, pero no avergonzadas, sino acercándonos "llenas del confianza al trono de la gracia, seguras de encontrar la misericordia y el favor divino en el momento preciso" (Hebreos 4:16).

Ejercicio de reflexión

1. ¿Cómo describirías la "carrera" que estás corriendo? ¿Es un maratón o una carrera de velocidad? ¿Por qué?

_____

_____

_____

_____

_____

_____

_____

_____

2. Pide a Dios que te muestre cómo ve Él tu "carrera". ¿Hay algo que te impide correr como quieres? ¿Qué tendrías que hacer para "desechar" ese obstáculo en tu vida?

_____

_____

_____

_____

_____

_____

_____

3. Recuerda que no corremos solas, ni con nuestras propias fuerzas. Encomienda tu "carrera" a Dios y pídele que te libere de cualquier impedimento que te detiene o te hace tropezar.

_____

_____

_____

_____

_____

_____

_____

_____

_____

_____

Directriz #5 para fortalecerte

SIGUE VIENDO HACIA ARRIBA

Haz del crecimiento personal una prioridad aún mayor
que la de superar tu duelo.

Capítulo Cinco
Sigue viendo hacia arriba
Pongamos nuestros ojos en Jesús

"Hagámoslo con los ojos puestos en Jesús, origen y plenitud de nuestra fe. Jesús, que renunciando a una vida placentera, afrontó sin acobardarse la ignominia de la cruz y ahora está sentando junto al trono de Dios" (Hebreos 12:2).

¿Será posible que muchas de las llamadas "coincidencias" sean realmente intervenciones silenciosas de Dios en nuestras vidas que no sabemos reconocer? Poner nuestros ojos en Jesús nos ayudará a darnos cuenta de que Su mano obra diariamente sobre nosotras. Cuando tomamos conciencia de la presencia de Dios en nuestras vidas, podremos evocar lo que dice el Salmo 139:5: "Vas delante y detrás de mí. Pones tu mano de bendición sobre mi cabeza". (LBLA) En otras palabras, ¡Él nos abraza con un brazo y nos guía con el otro!

El Dr. Meier escribió una oración de cuatro puntos que procura hacer cada mañana, y que él mismo nos explica a continuación. Encontrarás que estos cuatro principios están incorporados en nuestras Doce Directrices para fortalecerte y superar el duelo.

Oración matutina de cuatro puntos del Dr. Meier:

1. **Señor, ayúdame a seguir Tú ejemplo el día de hoy.** Con esta sencilla oración, puedo poner mis ojos en Jesús. Si algo no sale bien durante el día, puedo dar gracias a Dios, aun en medio del problema, porque sé que esto me ayudará a cumplir el deseo por el que oré esa mañana: seguir el ejemplo de Jesús. Sin dificultades y decepciones, no sería capaz de fortalecerme rápidamente. ¡También pido que Dios me ayude a escuchar atentamente y aprender lo más que pueda de la manera más sencilla!

2. **Señor, ayúdame a servirte el día de hoy.** Mi objetivo no es obtener beneficios personales, sino que Dios pueda alcanzar a otros, en amor, a través de mí para "actuar con el mundo" de tal manera que pueda bendecir al menos a una persona cada día.

3. **Señor, ayúdame a no equivocarme el día de hoy.** Reconozco que soy un pecador, totalmente capaz de cometer pecados por omisión y por comisión. Pero todo pecado hace daño a alguien, ya sea a Dios, a los demás o a mí mismo, por lo que no quiero caer en la tentación de pecar.

4. **Señor, ayúdame a aprender y a crecer de las adversidades del pudieran surgir el día de hoy.** Intento llevar una vida normal, y toda

vida normal conlleva algunos contratiempos, fracasos o desilusiones cada día. Intento llevar una vida normal, y toda vida normal conlleva algunos contratiempos, fracasos o desilusiones cada día. Cuando transcurren varios días sin contratiempos, ¡los considero como un regalo!

Si logro mantener mi mirada en Jesús, entonces podré ver las cosas desde una perspectiva eterna. Solía enfadarme, incluso con Dios, cuando sufría alguna decepción o atravesaba por alguna crisis. Me sentí angustiado e incluso me perturbaban, como si de alguna manera tuviera derecho a una vida sin problemas. También tendía a "catastrofizar" (imaginar en el peor de los escenarios), cuando surgía algún contratiempo. Ahora puedo retroceder un poco, ver las cosas desde otra perspectiva y darme cuenta de que Dios me ayudará a superar cualquier situación que surja. De hecho, ¡Él lo utilizará para ayudarme a madurar!

Mantén un enfoque claro...

Esta nueva perspectiva surge de elegir constantemente fijar nuestra mirada en Jesús. ¡Qué hermosa alternativa para no prestar atención de manera constante a nosotras mismas y a nuestros problemas! Es algo normal que nosotras, como seres humanos, seamos un poco egocéntricas. Es muy fácil desviar nuestra mirada hacia nuestro interior y enfocarnos en nuestras propias necesidades y anhelos.

Cuando la Biblia utiliza el término "fijar", no se refiere a una mirada casual, sino a apartar intencionadamente la mirada de algo para centrarse en otra. Es difícil fijar la mirada en nuestros propios problemas y en Jesús al mismo tiempo. Pero reflexionar de manera deliberada sobre Su visión respecto a nuestras dificultades es muy práctico, ya que preocuparnos demasiado por nuestros problemas no nos servirá de nada. Jesús tiene mejores soluciones para nuestros problemas.

Una perspectiva más amplia

A veces las adversidades nos parecen tan grandes que resulta difícil pensar en otra cosa. Cuando perdemos a nuestro cónyuge, el dolor puede ser tan intenso que nos consume. Es entonces cuando necesitamos de fe y paciencia para poder apartar la mirada de nuestro dolor y dirigirla hacia Jesús, quien puede darnos una nueva perspectiva. Poner los ojos en Jesús nos ayuda a recordar que Dios está *a nuestro favor, no en nuestra contra*. Sus propósitos son superiores a los nuestros.

La Universidad de Biola, en La Mirada, California, tiene un hermoso mural de Jesús de nueve metros de altura en uno de sus edificios. Está vestido con una túnica roja y sostiene una enorme Biblia de color negro. Esta impresionante obra, que el talentoso muralista Kent Twitchell donó al campus en 1990, se titula oficialmente "La Palabra", aunque también se conoce como "El mural de Jesús". Además de su belleza, los que transitan por allí se asombran a menudo porque debido a la altura del mural, pareciera que la mirada de Jesús siempre está puesta en ellos.

El Salmo 139 nos enseña que Dios siempre nos observa atentamente, y que se interesa profundamente por todos los aspectos de nuestras vidas, desde nuestro nacimiento hasta este mismo instante. Ahora, ¡Él nos pide que pongamos nuestros ojos en Él! Si lo hacemos, pronto nos daremos cuenta de que, por muy grandes que parezcan nuestros problemas, ¡Jesús es muchísimo más Grande! Y Sus ojos siempre están puestos en nosotras.

Convierte una crisis en una oportunidad

Si bien podemos encontrar consuelo en el versículo 8:28 de Romanos (que Dios hará que todo sea para nuestro bien), el versículo 8:29 de Romanos es igualmente importante. El versículo 29 nos enseña que Jesús "predestinó" que algún día seríamos creyentes. Otros pasajes de la Biblia nos revelan que antes de que Dios creara este mundo, Él podía mirar hacia el futuro y conocernos de manera personal e íntima. El versículo 29 continúa diciendo que el propósito que Dios tiene para nuestra vida es que seamos transformadas a la imagen de Cristo. Esto significa que Dios quiere que desarrollemos un carácter y un amor cada vez más profundos, como el carácter y el amor de Jesús.

Reflexiona sobre ello durante un par de minutos. *Cuando estás afligida, Dios te sigue amando y siente empatía por ti.* Jesús sabe cómo te sientes porque Él también tuvo que pasar por muchas pruebas durante Su vida terrenal. Él quiere ayudarte, pero desde Su perspectiva eterna, Su mayor propósito es transformarte a la imagen de Cristo. Él quiere ayudarte a resolver tus problemas, pero Él usará lo que aprendas de tu dolor como un instrumento en Sus manos para convertirte en una hermosa mujer de carácter firme.

Sin embargo, el hecho de que Dios utilice las dificultades para transformarte a la imagen de Jesús no significa que Dios haya provocado este problema. Después de ayudarte a superar esta dificultad, ¡Promete que te hará más fuerte que nunca!

La Biblia dice que debemos sentir gratitud por todas las cosas, pero se necesita ser un verdadero santo para ser agradecidos en medio del dolor. Y aunque suele ser difícil, algunas veces lo logramos.

Libérate de concentrar tu atención en el miedo

Poner los ojos en Jesús puede protegernos del miedo a la pérdida y al fracaso. Aunque todas sufrimos pérdidas, no debemos temer que nos destruirán.

La Biblia nos habla de viudas tan valientes como Ana, María la madre de Jesús, Rut y Noemí, y la viuda de Serepta, que soportaron profundas pérdidas y dolor. En todos estos casos, ellas permanecieron fieles a Dios y su sufrimiento finalmente se convirtió en una victoria, ya que Dios hizo que se levantaran por encima de ella.

No te distraigas pensando en "lo bueno"

A veces nos distraemos fácilmente del Señor por fijar nuestra atención en otras cosas. Incluso las cosas buenas, si nos apartan de los caminos de Dios, se convierten en obstáculos.

Lucas 10:38-42 narra la historia de dos hermanas que tuvieron la maravillosa oportunidad de recibir a Jesús en su casa. ¡Un gran honor! A medida que transcurre la historia, vemos que las hermanas reaccionaron de dos maneras muy diferentes ante la situación. Mientras Marta había invitado al Señor y comenzó a hacer todos los preparativos para servir a Jesús, su hermana María se sentó a los pies de Jesús y escuchó atentamente Sus enseñanzas.

Marta se esmeró por atender a los invitados, pero se desvivió demasiado en hacerlo. Estaba tan preocupada y ansiosa por servir a Jesús que se olvidó de hacer una pausa para disfrutar de su compañía, tal y como lo hizo María. Cuando Marta se quejó con Jesús porque su hermana no la ayudaba, en lugar de regañar a María y mandarla a la cocina, Jesús llamó tiernamente a Martha por su nombre, ¡dos veces! Él le hizo ver que estaba distraída pensando en muchas cosas y le enseñó lo que verdaderamente es importante y hace que todo lo demás tenga sentido: centrar su atención en Jesús. Marta se asombró cuando Él la alentó a parecerse más a María.

"Solo una cosa es necesaria" le dijo Jesús, y "María ha escogido la mejor parte, la cual no le será quitada" (v. 42).

En mi caso (Mary Beth), he pensado a menudo en lo irónico que es mi nombre, ya que tiendo a parecerme más a "Marta" en lugar de ser como "María". He sido bendecida con una gran fortaleza y una firme ética laboral, pero a menudo tengo que contenerme para no trabajar en exceso. Al igual que María, me ENCANTA pasar tiempo "sentada a los pies de Jesús", leyendo la Biblia y orando en la pérgola de mi patio. Una de las mayores alegrías de mi vida es poder reunirme con amigas queridas para estudiar la Biblia y orar. No obstante, tengo que evitar sentirme agobiada por mis pendientes, o corro el riesgo de ponerme en "modo Marta". Mi familia diría que en nuestro hogar reina mucha más paz y alegría cuando mi corazón adopta una "actitud como la de María", a los pies de Jesús, mientras realizo mis actividades diarias.

Mantente alerta

En última instancia, en nuestro esfuerzo por enfocarnos en Jesús, debemos entender que tenemos un enemigo al acecho, deseoso por desviarnos del camino. Él se complace en hacernos caer en tentación con las preocupaciones de este mundo, el engaño de la riqueza y la codicia de los bienes (Marcos 4:19).

Otro de los propósitos del diablo es acusar a los cristianos, sobre todo cuando sufrimos alguna pérdida. Intentará desanimarte, hacer flaquear y minar tu confianza e incluso hacer que te odies a ti misma. Tratará de convencerte de que te rindas cuando atravieses una crisis, para distraerte o desalentarte. Tratará de convencerte de que te rindas cuando atravieses una crisis, para distraerte o desalentarte.

Por eso, 1 Pedro 5:8 nos advierte: "¡Estén alerta! Cuídense de su gran enemigo, el diablo, porque anda al acecho como un león rugiente, buscando a quién devorar".

Además de otros factores externos, la debilidad de la carne también puede desviarnos del camino. El cansancio causado por el dolor y la pena, y las rutinas cotidianas de la vida, pueden hacer que perdamos el rumbo. Pero, afortunadamente, en Cristo gozamos de la protección que necesitamos contra el enemigo, y del poder del Espíritu Santo para vencer la debilidad de nuestra carne.

Un enfoque unido

También podemos revestirnos de valor si nos recordamos que no tenemos que hacerlo solas. La Biblia dice: "FIJEMOS NUESTROS ojos" (Hebreos 12:2, énfasis del autor). Como Cuerpo de Cristo, estamos juntos en este camino si buscamos a Jesús como: ¡nuestro Ejemplo, nuestro Auxilio, nuestro Maestro, nuestra Fuente, nuestro Consuelo, nuestro "Hermano mayor", nuestro Dios, el Autor y Perfeccionador de nuestra fe!

Ejercicio de reflexión

1. La Oración al Señor comienza con: "Padre nuestro, que estás en los Cielos, santificado sea Tu nombre" (Mateo 6:9). Jesús nos enseñó a poner nuestros ojos en Dios y en Su carácter antes de expresarle nuestras necesidades en oración. Dedica unos momentos a enumerar algunas de las maneras en que podemos "Santificar Su nombre", alabarlo y glorificarlo.

_____

_____

_____

1.

_____

_____

_____

_____

_____

_____

2. Lee el pasaje de Pedro caminando sobre el agua en Mateo 14:22-33. ¿Cómo fue posible que Pedro caminara sobre el agua? ¿Por qué tuvo miedo Pedro? ¿Qué sucedió cuando sintió temor? ¿Cómo se relaciona esto con tu proceso de duelo?

_____

_____

_____

_____

_____

_____

_____

_____

_____

3. Apartar nuestros ojos de Jesús y mirar la tormenta que nos rodea puede hacernos dudar de nuestra fe. Enfocarnos en Jesús fortalece nuestra fe, ya que ¡Él es el Autor y Consumador de nuestra fe! Piensa qué situaciones en tu vida te han hecho desviar la mirada hacia "el viento" en lugar de enfocarte en Jesús. Dedica unos momentos para alabar al Señor por Su grandioso Nombre, y luego deja en Sus manos tus preocupaciones.

_____

_____

_____

_____

_____

_____

_____

_____

4. ¿De qué manera te ha fortalecido el proceso para superar el duelo, incluso más que antes?

_____

_____

_____

_____

_____

_____

_____

_____

_____

Directriz #6 para fortalecerte

RESISTE

Cuando sientas que ya no puedes más, resiste.

CAPÍTULO SEIS

RESISTE

POR EL GOZO PUESTO DELANTE DE TI... ¡RESISTE!

"Puestos los ojos en Jesús, el autor y consumador de la fe, el cual por el gozo puesto delante de él sufrió la cruz, menospreciando el oprobio, y se sentó a la diestra del trono de Dios" (Hebreos 12:2).

¡Resiste!

¡Resistencia! A veces, los retos de la vida pueden ser realmente difíciles. Incluso Thomas Edison, un gran genio y uno de los inventores más importantes de todos los tiempos, declaró: "El genio es un uno por ciento de inspiración y un noventa y nueve por ciento de transpiración" *(Traducido de Quotes.net, STANDS4 LLC, 2014. "Thomas Edison Quotes" s.f.).* Edison se esforzó mucho, pero perseveró a pesar de que muchos de sus inventos fracasaron. Ahora podemos encender fácilmente una bombilla y disfrutar de la luz incandescente, uno de sus muchos inventos valiosos. Sus sueños le impulsaron a superar los obstáculos.

Helen Keller es otro ejemplo de valor y resistencia. De bebé, Helen perdió la vista y el oído a causa de una fiebre extremadamente alta y de origen desconocido. A pesar de ello, superó la sordera y la ceguera, convirtiéndose en una escritora, oradora y activista humanitaria de gran renombre a nivel mundial. Reconocida por Winston Churchill como "la mujer más extraordinaria de nuestra era" *(Fundación Helen Keller, s.f.),* Helen fue la primera persona sorda y ciega que se tituló con una licenciatura en Filosofía y Letras. También recibió doctorados honoris causa de seis universidades de todo el mundo, entre ellas Harvard, y conoció a todos los presidentes estadounidenses de su época, desde Grover Cleveland hasta Lyndon B. Johnson.

Helen, una inspiración para quienes afrontamos menos dificultades, decía: "La diferencia entre ciegos y videntes no está en nuestros sentidos, sino en el uso que hacemos de ellos, en la imaginación y el coraje con los que buscamos la sabiduría más allá de los sentidos", y también: "Una vida feliz no consiste en la ausencia, sino en el dominio de las grandes adversidades" *(Traducción de la biografía de Helen Keller en inglés, s.f.).*

Pero detrás de esta gran mujer había otra mujer asombrosa, la maestra de Helen, Anne Sullivan, quien también había superado grandes adversidades. Nacida en un entorno de extrema pobreza, Anne sufrió la pérdida de muchos de sus familiares debido a la muerte o por abandono. A los cinco años de edad, una enfermedad llamada tracoma causó un severo dañó a su vista. Anne y su hermano menor Jimmy fueron enviados a un hospicio para pobres, donde Jimmy murió tres meses después (Biografía de Anne Sullivan, s.f.).

Sola y desesperada por tener una mejor vida, Anne pudo escaparse del hospicio y entrar a la Escuela Perkins para Ciegos. Allí no solo aprendió a leer en braille y recibir una educación, sino que tiempo después se sometió a una operación quirúrgica que le devolvió gran parte de la vista. Aunque Anne era bastante inculta, académica y socialmente, cuando empezó sus estudios, ¡logró graduarse con mención honorífica, la mejor de su generación! En junio de 1886, pronunció un discurso de graduación en el que desafiaba a sus compañeros: "El deber nos obliga a proseguir en la vida de manera activa. Hagámoslo con alegría, esperanza y determinación, y propongámonos encontrar nuestra misión. Cuando la hayamos encontrado, cumplámosla con fe y voluntad, porque cada obstáculo que superemos, cada logro que alcancemos tiende a acercar al ser humano a Dios".

Con una misión clara, Anne se convertiría en la maestra de Helen Keller. Utilizó los conocimientos de braille que había adquirido en Perkins para liberar a Helen del mundo turbulento, oscuro y silencioso en el que vivía sumergida. Anne, quien también había sido una niña atormentada y con problemas ocasionados por la ceguera, fue capaz de amar a Helen a pesar de sus berrinches y su obstinación. No se rindió y, gracias a la fe, el amor y la perseverancia, descubrió a la preciosa niña atrapada en el pequeño cuerpo sordo y ciego de Helen. Si Anne no hubiera superado los desafíos a lo que se enfrentó ni encontrado su misión de vida, no habría podido acercarse a Helen y prepararla para que se convirtiera en una de las mujeres más inspiradoras de todos los tiempos.

En primer lugar, Anne tuvo que enseñar a Helen el concepto mismo de lenguaje, y después la guio para que pudiera descubrir la nueva y maravillosa vida que por delante. Posteriormente, Helen describió el momento en el cual aprendió su primera palabra, "agua": "El misterio del lenguaje me fue revelado. Supe entonces que a-g-u-a significaba aquello maravilloso y refrescante que fluía sobre mi mano. Esa palabra tan llena de vida despertó mi alma, le dio luz, esperanza, alegría, ¡la liberó!" (Biografía de Helen Keller, s.f.). Helen continuó describiendo el arduo proceso de aprendizaje: "Poco a poco, desde que nombramos un objeto, avanzamos paso a paso hasta que hayamos atravesado la enorme distancia entre nuestro primer balbuceo de sílabas y la fluidez del pensamiento en una línea de Shakespeare".

Los héroes y las heroínas como Edison, Keller y Sullivan, pueden motivarnos e inspirarnos para seguir adelante cuando la vida se complica. Pero solo un "Héroe", Jesús, estará siempre con nosotras cuando las dificultades nos hagan sentir que no podemos seguir adelante. En esos momentos, es muy importante que recordemos Su ejemplo como

Autor y Consumador de nuestra fe. Como Autor de nuestra fe, Cristo nos ha dado una nueva vida. Como el Consumador de nuestra fe, Él no nos abandonará en tiempos difíciles, sino que usará esos momentos difíciles para continuar perfeccionándonos, **¡no para que nos definan!**

¿Cómo le hizo Jesús?

Cuando "ponemos los ojos" en Jesús, podemos ver el ejemplo perfecto de lo que es la resistencia. ¿Cómo le hizo Jesús? En primer lugar, Él aguantó la cruz. Sí, Jesús era plenamente Dios, pero de manera sorprendente, también fue completamente humano. Su cuerpo físico sintió cada latigazo, cada clavo, cada aliento en agonía. Más de setecientos años antes del nacimiento de Jesús, el profeta Isaías describió el aspecto tan desfigurado de Jesús hasta el punto de que "muchos quedaron asombrados cuando lo vieron. Tenía el rostro tan desfigurado, que apenas parecía un ser humano, y por su aspecto, no se veía como un hombre" (Isaías 52:14). Aun así, ¡Él la aguantó!

Jesús aguantó la cruz. Pero ¿por qué lo hizo? ¿Cómo fue posible? Hebreos 12:2 dice que "el gozo puesto delante de Él" le ayudó a soportarlo. ¡Jesús no sufrió en vano! ¿Cuál fue el "gozo" que le ayudó a soportar tal tormento? En pocas palabras, NOSOTROS somos Su gozo. ¡NOSOTROS somos la recompensa por Su sufrimiento!

Cuando sufrimos un duelo, la depresión nos lleva a creer equivocadamente que no hay salida, que no hay luz al final del túnel. Pero como terapeutas, el Dr. Meier y Mary Beth escuchan cada día a aquellos que han aguantado y han encontrado el gozo al final de su doloroso camino. Nosotros también debemos tener fe en que hay un "gozo puesto delante de nosotras" y resistir hasta conseguirlo. Como solía decir Bob, el difunto esposo de Mary Beth: "Algún día, este dolor se desvanecerá y será como un vago recuerdo. Entonces tendremos gozo de nuevo".

Jesús estuvo dispuesto a vivir en un cuerpo de carne y hueso para ser como nosotras. Pero como también era plenamente Dios, cuando murió, Él pudo hacer cosas asombrosas. Ante todo, Él experimentó la muerte por todas nosotras. Experimentó todos los sufrimientos como ser humano, e incluso la tentación de fracasar o rendirse.

Él pagó el precio para llevar al Cielo a todo aquel que crea en Él. Él cargó los pecados del mundo y murió por todas nosotras, para que pudiéramos tener vida eterna. Él preparó el camino para que cada una de nosotras pudiera convertirse en hija de Dios.

Vi (Mary Beth) a mi querido esposo Bob sufrir de cáncer durante tres meses de manera valiente, breve e intensa. Nunca dudó de su fe en Dios y aunque luchó valientemente, el dolor de Bob terminó el 13 de junio de 2019, cuando Jesús mismo se lo llevó al Cielo. Durante su enfermedad, me reconfortó recordar que Jesús había sufrido mucho más que Bob cuando

Él murió en la cruz para limpiar nuestros pecados y preparar el camino para que algún día nos podamos reunir con Él en el Cielo. Ante esta gran verdad, nuestra familia pudo mantenerse firme al lado de Bob.

La muerte y resurrección de Jesús marcaron Su victoria sobre nuestro enemigo. La sentencia de muerte sobre Satanás ya ha sido firmada y, a la hora que Dios lo disponga, será ejecutada.

¡Jesús también nos ha liberado del miedo a la muerte! Solía (relata Linda) tener miedo a la muerte, pero vi a mi esposo Kirby partir de esta tierra e ir al Cielo. Ese es el mayor dolor que una persona puede sentir. El hombre con el que me uní para convertirnos en una sola persona se había ido. El dolor que experimenté equivale a cien puntos en la escala de estrés de Holmes y Rahe. No hay mayor pérdida. Tras superar el duelo inicial, me di cuenta de que probablemente podría soportar cualquier cosa. Había perdido el miedo a la muerte. ¿Acaso alguien podría hacerme algo que yo no pudiera soportar? Como viudas, sabemos que el final de esta vida es tan solo el principio de la vida eterna con Cristo. Entonces, ¿cuál es el problema?

Es más fácil resistir cuando entiendes "Por qué"

¿Qué hubiera pasado si Jesús no hubiera resistido? ¿Y si Él no hubiera pagado nuestros pecados? ¿Cuántas veces hemos decidido rendirnos ante dificultades mucho menos importantes? Jesús sabía exactamente por qué el Padre lo había enviado a este mundo. "Dios no envió a su Hijo al mundo para condenar al mundo, sino para salvarlo por medio de Él" (Juan 3: 17, RVR). Gracias a Dios, ¡Jesús no se rindió a la mitad del camino hacia la cruz! ¡Él es nuestro ejemplo para que jamás nos demos por vencidas!

Después de la pérdida de su esposo, una viuda puede caer en la tentación de darse por vencida porque el dolor de su pena es insoportable. Una vez más, debemos recordar que el dolor de Jesús fue incluso más profundo que el de una viuda. De hecho, según el diccionario New Oxford American Dictionary, la palabra en inglés "excruciating", es decir insoportable en español, procede del verbo en latín "excruciat", que data del siglo XVI, derivado de la palabra "crux" o "una cruz" y en español significa "atormentado". Y a pesar de que Jesús estaba sufriendo en la cruz, Isaías 53:4 nos dice que Él cargó NUESTRAS penas y NUESTRO dolor, incluso la indescriptible angustia de perder a nuestros esposos.

Jesús comprende que a veces es difícil resistir

Jesús entiende el sufrimiento. Sabe que la vida en este mundo abatido incluye momentos de pérdida y dolor. Sin embargo, Él nos alienta a "confiar" ¡porque Él ha vencido al mundo! (Juan 16:33).

Pero ¿cómo podemos "confiar" cuando nos sentimos derrotadas y deprimidas porque las cosas parecen no tener solución? Cuando estamos deprimidas, una sustancia química llamada "serotonina" se agota en el cerebro, lo que nos hace pensar que nunca mejoraremos. El intenso dolor que supone perder a un esposo también puede ocasionar que la serotonina se agote, lo cual a su vez provoca depresión y ansiedad. Pero nosotras como viudas podemos superarla con la asesoría y la ayuda adecuadas. En ocasiones, esto puede incluir tomar medicamentos para quienes quizá tengan una baja producción hereditaria de serotonina. Tratar la depresión y la ansiedad con medicamentos durante el duelo es tan aconsejable como tomar insulina para la diabetes. Un desequilibrio químico en nuestro cuerpo debe ser tratado.

No debemos avergonzarnos de mostrar nuestras emociones

Quizá algunas de nosotras crecimos en hogares donde nos sentíamos culpables si mostrábamos estrés emocional. En lugar de recibir consuelo de nuestros mayores, nos avergonzaban, criticaban e incluso nos ridiculizaban por el hecho de llorar. Nos enseñaron que llorar era una señal de debilidad y creímos las mentiras de las figuras de autoridad en nuestras vidas.

El reverendo Chris Taylor quien es consejero pastoral de *Candlelight Ministries* sugiere procesar nuestro duelo de la siguiente manera:

1. No reprimas tus sentimientos.
2. Deja que el dolor de tu pena aflore de pies a cabeza.
3. Exprésalo a través de las lágrimas o con palabras, sollozos o gritos. ¡Desahógate!

Cuando sufrimos una gran pérdida, nuestro dolor tratará de manifestarse. Llorar es lo indicado, incluso es saludable y necesario, para poder procesar nuestro dolor. La misionera Ruth Ost viuda de Martínez del Instituto Ministerial El Calvario en El Carmen, Nuevo León en México, perdió a su esposo y compañero ministerial Victorio, en septiembre de 2019. A pesar de que enviudó recientemente, Ruth ha brindado ayuda a muchas viudas nuevas. Cuando Ruth conoce a una nueva viuda, la invita a pasear a las montañas en su auto y en el camino, le habla acerca del Espíritu Santo y de su esposo. Luego le pregunta si puede cantarle. Mientras Ruth lo hace, las emociones de la viuda comienzan a aflorar y llora. De esta manera, la viuda logra expresar la profunda pena que ha estado reprimida en su interior. A veces, Ruth se baja del coche o deja que la viuda lo haga para que pueda gritar, vociferar y sollozar. O bien, Ruth se limita a abrazar a la viuda mientras se desahoga.

Ruth nos contó que su marido, Victorio Martínez, siempre caminaba a su lado con su mano en su hombro. Para ella, sentir la mano de Victorio sobre su hombro la hacía sentirse amada y segura. A través del delicado contacto de Victorio, Ruth experimentaba su protección, su dirección y, a veces, ¡incluso su amable corrección!

El Espíritu Santo es quien te brinda "consuelo", el que está a tu lado. Ruth se recuerda a sí misma y a otras viudas que el Espíritu Santo siempre las acompaña. Él les dice "Estoy aquí para ti, no estás sola, estaré a tu lado".

Ocasionalmente, Victorio y Ruth grababan algunas enseñanzas para un programa de televisión. El director de producción les daba audífonos y les indicaba que no prestaran atención a nadie más, únicamente a lo que les decía el director a través de los audífonos. De manera similar, Ruth alienta a las nuevas viudas diciéndoles que esta es una oportunidad para conocer al Espíritu Santo de una manera diferente. Al igual que el director, Él te susurrará consejos al oído. Como dice Ruth: "Él es mi Consejero. Es mi director de producción. Él me ayudará, guiará, consolará y redargüirá".

Además, Ruth recomienda a las nuevas viudas que lean el Salmo 139 y dediquen cada versículo a Dios en oración. Dado que el Salmo 139 habla del profundo conocimiento y cuidado que Dios tiene de cada persona, esto es especialmente reconfortante para las mujeres que están aprendiendo a conocerse de nuevo, ante los ojos de Dios, como una sola persona.

Por último, Ruth invita a las viudas a consolar a otras viudas. Al hacerlo, también nosotras podremos experimentar el consuelo de Dios.

Jesús siente empatía por nosotras. Como describió el profeta Isaías: "Él fue despreciado y rechazado, hombre de dolores, conocedor del dolor más profundo. Nosotros le dimos la espalda y desviamos la mirada; fue despreciado y no nos importó" (Isaías 53:4, NVT). Él se enfrentó a un juicio falso, fue humillado públicamente, traicionado, acusado falsamente, abandonado por sus amigos, calumniado y ridiculizado, pero Su respuesta a todo esto fue *¡avergonzar la pena!* Jesús sabía quién era y para qué había venido a la tierra. Él no se dejó definir por lo que otros le hicieron o dijeron de Él.

Las emociones no son un pecado. Dios nos las dio, ¡y Jesús las experimentó todas! Cuando perdí a Bob (relata Mary Beth), ni siquiera sabía que existía semejante dolor emocional. La profunda angustia que sentí fue mayor que mi inmensa alegría al dar a luz. Me consoló saber que no importaba cuánto yo sufriera, Jesús lo sabía, y Jesús lo entendía porque Él sufrió más de lo que yo jamás podría soportar. Jesús comprende y se compadece de nuestro dolor.

¡El futuro nos depara algo bueno!

Después de que Jesús soportó el dolor y menospreció el oprobio, Él recibió el reconocimiento de Su Padre en el Cielo. Cuando enfrentamos dificultades, debemos confiar en que Dios nos ayudará a salir adelante y obtendremos algo bueno de estas situaciones. Al respecto, un autor desconocido dijo: "Al final, todo estará bien. Si no está bien, ¡no es el final!"

Cuando perdemos a nuestros esposos, algunas podrían preguntarse si Dios aún las ama. Al enfrentarnos a la adversidad, es lógico que nos preguntemos si estamos haciendo la voluntad de Dios. Romanos 8:39 dice que Su principal voluntad es que nos parezcamos más a Jesús, "conforme a la imagen de Cristo". Dios quiere que sigamos siendo únicas, pero que estemos mejor preparadas para amar y ser amadas, tal y como Jesús ama y es amado.

Si la adversidad trata de intimidarnos, podemos seguir el ejemplo de Cristo y resistir e incluso regocijarnos, mientras confiamos en que el futuro será mejor. Podemos "tener por sumo gozo" (Santiago 1:2-4), sabiendo que este período de prueba se traducirá finalmente en una mayor resiliencia y madurez. El dolor nos ayudará a crecer y al final saldremos sanas y salvas. Nuestra fe, aunque sea puesta a prueba por el fuego, brillará como el oro que traerá gloria y honor a Dios. Así que, cuando sufras:

NO:
- Te avergüences de expresar tus emociones,
- Te desanimes ni te des por vencida.

SÍ:
- Mantén tus ojos en Cristo y piensa en la recompensa celestial,
- Resiste ante el dolor,
- Menosprecia la vergüenza,
- Recibe el reconocimiento de nuestro Padre celestial.

Entonces Él dirá: "Bien, buen siervo y fiel; sobre poco has sido fiel, sobre mucho te pondré; ¡entra en el gozo de tu señor!" (Mateo 25:21).

Ejercicio de reflexión

1. Lo contrario de resistir es desistir. ¿Qué puedes perder si te rindes? ¿Qué puedes ganar si perseveras?

_____

_____

_____

_____

_____

_____

_____

_____

2. Tenemos un enemigo que se vale de robar, matar y destruir; incluyendo sus esfuerzos por impedir que cumplamos nuestro destino (la carrera trazada para nosotras) que Dios nos tiene reservado. El apóstol Pablo nos enseñó en 2 Corintios 2:11 que debemos estar alertas a sus ardides para que no nos engañe. ¿Qué puedes hacer para estar siempre alerta y evitar que el enemigo consiga que te des por vencida y desistas de la carrera? ¿Cómo puedes fortalecer estos aspectos en tu vida?

_____

_____

_____

_____

_____

_____

3. El apóstol Pedro nos enseñó en 1 Pedro 5:8-9 a tener dominio sobra nosotras mismas y a estar alerta contra las artimañas del enemigo, resistiéndole mientras permanecemos firmes en la fe, sabiendo que otros cristianos alrededor del mundo experimentan sufrimientos similares. La relación con otras viudas puede ayudarnos a seguir en pie. ¿Con quién puedes relacionarte para que te ayude a mantenerte fuerte y resistir?

_____

_____

_____

_____

_____

_____

_____

_____

Directriz #7 para fortalecerte

No te desalientes. ¡No pierdas la fe!

Cuando experimentes la disciplina, recuérdate a ti misma que Dios es un Padre bueno, y di: "Mi Abba (Papá) Padre me ama".

Capítulo Siete
No te desalientes ¡No pierdas la fe!
Acepta las enseñanzas del Señor

"Es verdad que ninguna disciplina al presente parece ser causa de gozo, sino de tristeza; pero después da fruto apacible de justicia a los que en ella han sido ejercitados"
(Hebreos 12:11).

En la Biblia, podemos leer un libro entero sobre las experiencias de Job, que era un hombre íntegro, amoroso y bueno, pero que, a pesar de ello, sufrió una grave crisis que implicaba una horrible y dolorosa enfermedad de la piel y posteriormente, la muerte de sus hijos. Su esposa y sus amigos le dieron a Job lo que Dios Mismo llamaría un mal consejo, diciéndole que sus problemas se debían a los pecados que había cometido. Del mismo modo, es posible que personas bienintencionadas te den todo tipo de consejos que no son los indicados, cuando fallece tu esposo. Dios puede haber permitido que tu esposo muriera por diferentes razones que ninguna de nosotras podremos entender completamente hasta que lleguemos al Cielo y le preguntemos. Cuando la esposa de Job trató de que Job se sintiera culpable, él le respondió correcta y sabiamente: "Qué? ¿Debemos esperar el bien de Dios y no las adversidades?" (Job 2:10). Independientemente de lo que suframos, debemos confiar en que Dios siempre quiere que nos sucedan cosas buenas en nuestras vidas. Así que, en medio de tus dificultades, averigua lo que Dios quiere enseñarte ahora, pero no permitas que otros te hagan sentir culpable.

¡Dios es un buen Padre!

Somos hijas preciosas de Dios, y aunque Él tenga que disciplinarnos ocasionalmente, Él no es un padre abusivo, sino un Padre celestial amoroso, que nos enseña y nos corrige cuando es necesario. Podemos confiar en que la disciplina de Dios nos ayuda a parecernos más a Su Hijo, nuestro Hermano Mayor Jesús.

Como buenos padres, no debemos descuidar la educación de nuestros hijos. A veces, sobre todo cuando alguno de nuestros hijos es rebelde, puede ser una tarea muy difícil. Sin embargo, perseveramos, porque queremos que nuestros hijos nos obedezcan por su propio bien. Queremos que nuestros hijos nos respeten y aprendan a vivir conforme al corazón de Dios. Si nosotras, como madres, queremos que nuestros hijos nos respeten, "¿por qué no obedeceremos mucho mejor al Padre de los espíritus y viviremos?" (Hebreos 12:9).

En ocasiones, Dios también nos corrige por nuestro propio bien y para bendecir a los demás, incluso en cosas insignificantes. Puede que no siempre lo entendamos, pero Dios tiene sus razones. Recientemente, (relata Mary Beth) tuve la oportunidad de experimentar la gentil corrección de mi Padre.

Una mañana, tenía tantas cosas que hacer que oré en busca de paz y le pedí a Dios: "Por favor, ordena mis pasos". Consciente de mi tendencia a preocuparme por tantas cosas por hacer, como Marta, en el fondo quería ser como María y, al menos, "sentarme a los pies de Jesús" mientras hacía mi trabajo. Con mi lista de pendientes en las manos, le repetí al Señor Proverbios 16:3 mientras oraba por el día que tenía por delante: "Pon todo lo que hagas en manos del SEÑOR y tus planes tendrán éxito" (NTV) y agregué, "Gracias, Señor, porque te ocupas de lo que me preocupa hoy".

También sé que a veces me anticipo a los planes de Dios, así que le pedí: "Señor, ayúdame a no ser rebelde si Tú me señalas un camino que realmente no quiero seguir. Sé que Tus planes son siempre mejores. Por favor, guíame e incluso ayúdame a obedecerte".

Tenía que ir a una tienda departamental y también a comprar algunas cosas en la ferretería. Me dirigí a la ferretería, pero en mi interior sentí que debía ir primero a la tienda departamental.

"Mm…, qué curioso", pensé. "Mm…, qué curioso", pensé. "Me pregunto por qué le importaría al Señor a qué tienda voy primero…". Pero como había orado, seguí esa "vocecita" y me dirigí a la tienda.

Después de comprar los artículos de mi lista, sentí la necesidad de pagar rápidamente y marcharme. De nuevo, pensé que era algo chistoso, pero he caminado con el Señor lo suficiente como para saber que Él siempre tiene sus motivos, los cuales son mejores que los míos. Debo admitir que busqué un par de cosas más, luego pagué y me fui apresuradamente al coche.

Como había ido primero a la tienda departamental, el camino más corto a la ferretería era atravesar el estacionamiento del supermercado. Cuando llegué al estacionamiento, un joven, con pantalones holgados y caídos, se bajó del coche de su amigo y se fue corriendo a la tienda, ¡sin darse cuenta de que se le había caído su billetera justo enfrente de mi coche!

Salí del coche, levanté la cartera, luego me estacioné y lo seguí hasta la parte trasera de la tienda.

Se asombró mucho porque ¡ni siquiera sabía que había perdido la billetera! Me abrazó y me dijo: "¡Gracias a Dios! ¡Gracias", y "Dios te bendiga!", una y otra vez.

"¡No todo el mundo lo haría!", exclamó sorprendido.

"Bueno, ¡es que también soy cristiana!", le respondí.

"¡Sí, Señora!", me dijo con su rostro lleno de alegría.

Le guiñé y le dije que había perdido la billetera por andar con los "pantalones caídos".

"¡Sí, Señora!", me contestó. "¡Ahora mismo me los subo!", y así lo hizo.

Después nos volvimos a encontrar en el estacionamiento, y le dijo emocionado a su amigo: "¡Es ella!"

Me saludó con la mano y me dijo: "¡Que Dios te bendiga de nuevo!".

Entonces le comenté que había orado por la mañana y alabamos a Dios juntos. ¡Alabo a Dios por Su bondad y la alegría de caminar con Él!

¿Realmente es por mi bien? ¿Es en serio?

¡Sí, así es, es en serio!

Podemos reaccionar a la disciplina de distintas maneras:

1. Podemos aceptarla con resignación;
2. Podemos aceptarla con autocompasión, pensando que realmente no la merecemos;
3. Podemos enojarnos y refunfuñar contra Dios;
4. Podemos aceptarla con gratitud, que es la respuesta apropiada que le debemos a nuestro Padre amoroso (Biblia de estudio para la vida diaria, "Life Application Study Bible", NLT, p. 2108).

Si decidimos aceptar lo que Dios nos enseña en medio de nuestro dolor, Hebreos 12:11 dice que "esta produce un fruto de paz y justicia para los que en ella son ejercitados". Si podemos resistir a pesar de la incomodidad del proceso de aprendizaje, alcanzaremos nuestra meta hacia la intención de vivir como Él. ¡Valdrá la pena!

Por lo que pregunto, ¿cuál será tu reacción?

Los misioneros Victorio y Ruth Martínez, han servido a miles de personas en México y a través del ministerio en más de cuarenta países. Después del fallecimiento de Victorio, Ruth se ha acercado a muchas viudas en México para apoyarlas con su estrategia personal de "Cinco pasos para superar el duelo":

1. Llora. ¡Necesitas hacerlo! Así es como puedes liberar el dolor.
2. Perdona, perdona, perdona. Perdónate a ti misma. Perdona al médico. Perdona al conductor ebrio o al asesino.
3. Dile "Gracias" a Dios. Recuerda que solo Dios puede dar y quitar la vida. Agradece a Dios que haya llamado a tu esposo al Cielo. Dale gracias porque ahora eres viuda.
4. Empieza cada día con gratitud, piensa en tres motivos por los que puedes dar gracias.
5. Cada día, elige una canción de alabanza y cántala durante todo el día para evitar caer en depresión.

Ruth acepta que le costó mucho trabajo agradecer a Dios por haberse llevado a Victorio al Cielo y por ser ahora una mujer viuda. Sin embargo, siguió expresando su agradecimiento y lo empezó a creer. ¡Y entonces sintió un gran alivio!

Retomemos el ejemplo de Job. ¿Cómo reaccionó ante su dolor? La tremenda pérdida que sufrió Job no fue una medida disciplinaria de Dios; sin embargo, aprendió mucho a través de su crisis. En ocasiones, Job se sentía tan abrumado por el dolor que lo único que podía hacer era sentarse en silencio. Pero otras veces, Job hablaba con Dios y Dios hablaba con él. Aunque Job se desahogó y abrió su corazón delante de Dios, la Biblia dice que "En todo esto, Job no pecó con sus palabras" (Job 2:10). De hecho, más tarde, reflexionando sobre sus tribulaciones, Job manifestó a sus amigos equivocados pero bienintencionados: "Mas Él conoce mi camino; me probará y saldré como oro" (Job 23:10).

Finalmente, Job no se dejó abatir porque confió en Dios a pesar de las circunstancias tan devastadoras. Aprendió que Dios es Dios y que él era obra de Dios. Comprendió que, en un mundo que ha caído en pecado, a veces le ocurren cosas malas a la gente buena. Del mismo modo, tras la pérdida de nuestros esposos, podemos seguir confiando en que Dios obra para nuestro bien mientras Él nos guía a través de nuestro dolor.

Ejercicio de reflexión

1. Los momentos de sufrimiento también pueden ser oportunidades de crecimiento. ¿De qué manera sientes que el Señor te está ayudando a crecer?

_____

_____

_____

_____

_____

_____

_____

2. Reflexionando sobre tu vida de manera retrospectiva, ¿cuáles son algunas de las lecciones que has aprendido de tu amoroso Padre celestial? ¿Cuáles crees que son algunos de los beneficios que percibes ahora en tu vida y que son el resultado de circunstancias dolorosas del pasado?

_____

_____

_____

_____

_____

_____

_____

_____

_____

3. ¿Alguna vez tus amigos te han malaconsejado, culpándote indebidamente por tu situación, como en el caso de Job? ¿Cómo lo solucionaste?

_____

_____

_____

_____

_____

_____

_____

_____

Directriz #8 para fortalecerte

NO TE DES POR VENCIDA.

Recuerda que tu victoria está por llegar.

Capítulo Ocho
No te des por vencida.
Fortalécete para la carrera

"Por lo cual, levantad las manos caídas y las rodillas paralizadas; y haced sendas derechas para vuestros pies, para que lo cojo no se salga del camino, sino que sea sanado" (Hebreos 12:12-13).

Entrena para la carrera de la vida

En la Biblia, a menudo, el apóstol Pablo compara la vida cristiana con una carrera. La línea de salida es el día en que aceptamos a Jesús en nuestros corazones. La meta será cuando terminemos esta carrera terrenal, recibamos el premio para el que Dios nos ha llamado y nos encontremos con Jesús frente a frente. La particularidad de esta carrera es que ¡corremos y entrenamos al mismo tiempo! ¡No hay tiempo para "¡practicar!" El apóstol Pablo nos anima en Filipenses 3:14, donde describe su propia carrera: "prosigo a la meta, al premio del supremo llamamiento de Dios en Cristo Jesús". Mientras tanto, como dice en Hebreos 12:12, debemos "levantar las manos caídas y las rodillas paralizadas".

Mi hija Christa (relata Mary Beth), es una corredora de fondo. Bob y yo disfrutábamos viéndola participar en muchas de las carreras cuando era estudiante de preparatoria y en la universidad, y le echábamos porras. Christa entrenaba mucho para sus carreras y era muy estricta con sus horarios para correr, su alimentación y su descanso. Nos explicaba que el entrenamiento no solo aumentaba su rendimiento, sino que también le ayudaba a prevenir lesiones. Prestaba mucha atención a su condición física porque, de lo contrario, podría lastimarse. Christa no solo corría mucho, ¡también lo hacía de manera inteligente!

Es un maratón, no un sprint o carrera de velocidad

La vida de una viuda puede estar llena de retos: más que una carrera de fondo en una pista bien cuidada, ¡se trata de un arduo maratón a campo traviesa! Hay diferentes tipos de carreras y la vida es un maratón. Hay diferentes tipos de carreras y la vida es un maratón. Pero la Palabra de Dios nos enseña a prepararnos para lo que exija nuestra carrera en particular, como dice en 1 Corintios 9:26 (NTV): "Por eso yo corro cada paso con propósito".

Para poder resistir su maratón, la viuda tendrá que cuidar bien de sí misma. La muerte de su esposo alterará toda su vida. Descansar debidamente, una buena alimentación, el ejercicio, el tiempo dedicado al

Señor, las relaciones sociales significativas y el esparcimiento le ayudarán paulatinamente a recuperar el equilibrio. Son cosas que nadie podrá hacer por ella, es su decisión.

Algunas actividades, como las recreativas y el ejercicio, pueden hacerse con otras personas. Por ejemplo, Linda Smith camina regularmente desde hace más de 27 años con su amiga Diane, y aún disfruta haciéndolo. Su marido Kirby se refería cariñosamente a estas salidas como Walkie-Talkies, porque además de caminar, platicaban. Tras la muerte de Kirby, esta combinación tan habitual para ejercitarse y socializar a la vez ayudó a Linda a afrontar el siguiente capítulo en su vida.

No te precipites

Para las carreras a campo traviesa, Christa describe algo llamado "encuentra tu ritmo". Lo que quiere decir con esto es que durante el entrenamiento, podrás determinar cuál es el ritmo que debes mantener para completar la carrera. Un error común de los principiantes es acelerar demasiado en el primer tramo de la carrera, lo que les impide mantener el ritmo y, al final, los rebasan otros corredores.

El duelo es extenuante. Por eso debemos aprender a mantener nuestro propio ritmo, para evitar el agotamiento y poder terminar con fuerza la carrera de la vida. Esto es difícil de aceptar para algunas personas de carácter fuerte que desean vivir al máximo, pero si Dios descansó un día durante la Creación, quizá debamos aprender de su ejemplo y ser pacientes con nosotras mismas cuando necesitemos descansar. Si no lo hacemos, podemos incluso quedar descalificadas de la carrera. Christa nos contó el lamentable caso de una compañera muy atlética que sufrió una fractura por estrés en el pie, al parecer por esforzarse demasiado. Después de ese incidente, pensaban que no podría volver a correr en competencias. ¡Debemos mantener el ritmo para poder seguir en la carrera!

De acuerdo al Antiguo Testamento, los judíos practicaban un estricto Shabat, un descanso semanal los sábados, pero Hebreos 4 nos dice que hay un descanso para el pueblo de Dios que "descansa" en la obra terminada de Jesús en la cruz. ¡El versículo 11 nos dice que "nos esforcemos" para entrar a ese descanso! Así que, irónicamente, nuestro verdadero trabajo es encontrar nuestro descanso en la obra terminada de Jesús, ¡no en la nuestra!

Corre con valor

Una de las decisiones a las que se enfrenta una mujer que acaba de enviudar es si quiere seguir participando en su carrera. A veces, el esfuerzo que supone correr parece agotador. Se necesita valor para seguir en la carrera, especialmente cuando se siente demasiado cansada como para levantarse de la cama. Aunque al principio de la viudez es normal sentirse fatigada y necesitará más horas de sueño, la fatiga suele desaparecer con el tiempo. Si la fatiga persiste o empeora, una consulta médica le ayudará a descartar causas físicas.

Si una viuda siente que ya no es capaz de afrontar la situación, podría empezar a expresar pensamientos como: "Simplemente no puedo hacer esto" o "Ya no aguanto más". Dios comprende la vulnerabilidad de las viudas en tales circunstancias. Él llama al Cuerpo de Cristo, comenzando por la familia de la viuda, para que la ayude. Como dice Santiago 1:27 (NTV): "La religión pura y verdadera a los ojos de Dios Padre consiste en ocuparse de los huérfanos y de las viudas en sus aflicciones". A medida que sus seres amados ayuden a la nueva viuda, haciendo lo que no puede hacer por sí misma, ella se sentirá aliviada del exceso de estrés y, con el tiempo, mejorará su capacidad para afrontar la vida.

Para una nueva viuda pensar en el Cielo e incluso desear estar al lado de su esposo es algo muy común. Sin embargo, esto puede convertirse en un problema si estos pensamientos persisten. Afirmaciones como "Ojalá pudiera dormir y no despertar jamás" o incluso "Quisiera que Jesús volviera hoy mismo" son signos de lo que se conoce como ideas suicidas pasivas. Cuando nos sentimos agobiadas, es bueno recordar que Dios quiere que depositemos nuestras preocupaciones en Él, ¡y no al revés!

Si una viuda se siente tan desalentada que tiene tendencias suicidas (es decir, manifiesta la intención o el plan de hacerse daño a sí misma), necesita ayuda profesional de inmediato. Llama al 911 o al número de emergencias de tu país porque es una emergencia psiquiátrica. Es muy importante que la familia y los amigos estén en constante contacto con la viuda para que puedan detectar cualquier cambio en su comportamiento.

¡El suicidio **NO** es la solución! ¡Dios promete esperanza! Como nos confirma en 1 de Corintios 10:13: "No os ha sobrevenido ninguna tentación que no sea humana; pero fiel es Dios, que no os dejará ser tentados más de lo que podéis resistir, sino que dará también juntamente con la tentación la salida, para que podáis soportar".

Con fe y con el apoyo adecuado de la familia y los amigos, así como la orientación y la atención médica correcta, las viudas pueden recuperarse y volver a la carrera.

Por cierto, ¿hacia dónde vamos?

La Palabra de Dios determina el rumbo de nuestra carrera. Desde antes de que Dios nos formara en el vientre de nuestras madres (Jeremías 1:5), hasta que completemos nuestra carrera y nos reunamos con Él por toda la eternidad, Su "Palabra es lámpara a nuestros pies y lumbrera a nuestro camino" (Salmo 119:105).

Cuando acababa de enviudar (relata Mary Beth), estaba tan devastada por la pérdida de mi esposo Bob que no era capaz de concentrarme lo suficiente para leer mi Biblia. También estaba muy afligida porque el profundo dolor de la pena me impedía sentir la presencia de Dios como cuando era niña y acepté a Jesús en mi corazón. Durante este período de duelo, mi querida amiga me leía libros cristianos, me abrazaba y oraba conmigo. Esto fue muy importante para mí, no solo porque no podía concentrarme, sino porque a Bob y yo nos encantaba leer y orar juntos. Además, ella no dudó en abrazarme mientras lloraba, lo que fue un gran consuelo.

En todas las carreras de campo traviesa en las que participó Christa, los organizadores llegaban antes para delimitar el circuito. Los corredores hacían un recorrido previo para conocer la ruta. Aprendían cuál era el recorrido y dónde estaban las pendientes y los obstáculos. Esto les ayudaba a mantener el rumbo y saber dónde estaba la meta. Entonces, los corredores podían visualizar la meta mientras corrían a su ritmo para completar el circuito.

Así como los organizadores delimitan el recorrido para evitar imprevistos para los participantes, nosotras podemos minimizar el impacto del duelo si planeamos con anticipación. Una viuda puede anticiparse a ciertas fechas especiales, como los cumpleaños, los aniversarios y los días festivos, y hacer los preparativos necesarios para celebrar adecuadamente el día. Esto le ayudará a tener mayor control sobre sus emociones.

Aunque nos puedan tomar por sorpresa las vueltas que da la vida, la Palabra de Dios nos dice que nuestra meta es el Cielo. Nuestros esposos que vivieron para Jesús se nos han adelantado y han llegado a sus propias metas. Nosotras que aún permanecemos en esta carrera, debemos seguir a Dios mientras caminamos por fe y no por lo que vemos (2 Corintios 5:7).

Sigue a Dios—no te descalifiques

Si el Cielo es nuestra meta, ¿cómo podemos llegar de aquí a allá? Para poder ganar esta carrera, debemos mantener el rumbo. Efesios 5:1 dice: "Sed, pues, imitadores de Dios como hijos amados". Si bien algunos pueden pensar que hay un mejor camino a seguir, Jesús dijo que hay un solo camino a nuestro destino Celestial, y es a través de Él. El camino del duelo puede ser difícil, y a veces, huir de nuestro dolor puede parecer el camino más fácil. Pero Jesús nos dice: "Entrad por la puerta estrecha; porque ancha es la puerta, y espacioso el camino a la perdición, y muchos son los que entran por ella; porque estrecha es la puesta, y angosto el camino que lleva a la vida, y pocos son los que la hallan" (Mateo 7:13-14). ¡Jesús es la Puerta y Jesús es el único Camino!

Un buen entrenador trabajará con su equipo para asegurar que conocen el reglamento de la carrera. La Biblia nos indica las reglas de nuestra carrera. El entrenamiento puede parecer estricto, pero todo es en beneficio del corredor. El objetivo de Dios es ayudarnos a convertirnos en los mejores atletas espirituales que podamos ser, ¡y no ser descalificados en el camino! No debemos distraernos y desperdiciar nuestro tiempo o talento.

Aunque nuestros esposos hayan cruzados sus meta, nosotras, las que seguimos aquí, nos queda una carrera que debemos terminar. Seguimos aquí por alguna razón. Aún tenemos un llamado en nuestras vidas. Dios nos ha asignado más tareas por hacer antes de llegar a la meta.

Christa me dijo que cuando se corre una carrera de milla, la tercera vuelta siempre es la más difícil. Después de completar dos vueltas, generalmente las corredoras empiezan a sentirse cansadas. Y es precisamente cuando están más cansadas cuando tienen que acelerar, haciendo un esfuerzo especial para correr la tercera vuelta más rápido que las primeras dos. Lo hace porque sabe que en la cuarta y última vuelta, ver la meta la motivará y le permitirá sacar fuerzas de su interior para terminar el último tramo de la carrera. Como viudas, a veces nos sentimos cansadas. Pero ésta podría ser nuestra tercera o cuarta vuelta, ¡y tenemos que acelerar el paso! ¡Queremos correr bien esta carrera! Queremos oír a Jesús decir: "¡Bien, buen siervo y fiel!" (Mateo 25:21).

¡Cruza la meta!

Al final de la carrera, es muy importante que la corredora piense *más allá* de la recta final. Si solo corre *hacia* la meta, empezará a disminuir la velocidad cuando se acerque a ella. Por el contrario, deberá correr más allá de la meta para sacar más el pecho e inclinarse contra el listón de la meta con todas sus fuerzas. ¡Muchas carreras de final de foto se han ganado por estos pocos centímetros!

El mejor corredor escocés de todos los tiempos, Eric Liddell, sabía lo que significaba correr para ganar. Al ser entrevistado sobre su excepcional rendimiento en la carrera de 400 metros, dijo: "El secreto de mi éxito en los 400 metros es que corro los primeros 200 metros tan rápido como puedo. Luego, corro con más fuerza en los segundos 200 metros, con la ayuda de Dios." (Liddell, s.f.)

En la gran carrera de la vida, nunca sabemos cuándo será la última vuelta. Así que sigamos corriendo con todas nuestras fuerzas y toda la fortaleza que Dios nos da. ¡No desmayemos ni nos demos por vencidas, sino miremos más allá de la "meta" hacia el premio que Dios nos ha preparado!

Ejercicio de reflexión

1. Describe lo que más te ha ayudado a lo largo de tu proceso de duelo.

_____

_____

_____

_____

_____

_____

_____

_____

_____

2. ¿Qué estás agregando o eliminando de tu estilo de vida para mejorar tu carrera?

_____

_____

_____

_____

_____

_____

_____

_____

_____

_____

3. Entrenar con otras personas puede motivarte a hacerlo. ¿Has pensado quiénes podrían formar parte de "tu equipo" en esta carrera? ¿De qué manera se apoyan mutuamente?

_____

_____

_____

_____

_____

_____

_____

_____

_____

4. Si no pudiste contestar la pregunta anterior de manera satisfactoria, considera la importancia de tener "compañeros de equipo". Los grupos de estudio de la Biblia, de oración y de apoyo son algunas opciones que te permitirán desarrollar un sistema que ayude de manera importante a una viuda en duelo. ¿Qué recursos podrías utilizar para crear una red de apoyo?

_____

_____

_____

_____

_____

_____

_____

RECUERDA QUE DIOS ESTÁ DE TU LADO

El amor de Dios no se basa en tu comportamiento, sino en Su bondad.

Capítulo Nueve

Recuerda que Dios está de tu lado
¡Dios está contigo!

"El Espíritu del Señor está sobre mí... para proclamar el año de la buena voluntad de Jehová, y el día de venganza del Dios nuestro" (Isaías 61:2).

¿Cuánto me ama Dios?

En su libro *"God Thinks You're Wonderful"* (Dios piensa que eres maravilloso), Max Lucado dice: "A Dios le caes muy bien. Si Él tuviera una billetera, tu foto estaría en ella. Si Dios tuviera un refrigerador, tu foto estaría ahí. Él te envía flores cada primavera y un amanecer cada mañana... entiéndelo ¡Está loco por ti!"

Bueno, pues ¡Dios si escribió un Libro! Y en Su Libro, Él dice cuánto te ama. Sí, ¡A TI! "Porque de tal manera amó Dios al mundo, que ha dado a su Hijo unigénito, para que todo aquel que en Él cree, no se pierda, más tenga vida eterna" (Juan 3:16).

Dios te está prestando atención

¿Te parece demasiado bueno como para ser cierto? Si alguna vez lo llegas a dudar, reflexiona sobre el Salmo 139. ¡Fuiste creada de manera admirable y maravillosa! Anoche mientras dormías, Dios estaba pensando especialmente en ti. Cuando despertaste esta mañana, Él estaba pensando en ti otra vez. ¡Dios piensa en ti cada día, tantas veces que ni siquiera puedes contarlas! Él te abraza con un brazo y con el otro, te guía. ¡Dios está CONTIGO! Él está junto a ti, aunque no lo parezca.

Pero no lo siento

A veces, el dolor es tan profundo que impide "sentir" la presencia de Dios hasta que se superan esos momentos y los recuerdos se desvanezcan. Para lograrlo, a menudo se necesita ayuda profesional. La verdad es que, mientras vivimos en este mundo pecaminoso, lo sintamos o no, ¡Dios está siempre presente! Y ¡Dios sigue siendo bondadoso! Él nos bendice diariamente y hace llover sobre justos e injustos (Mateo 5:45).

Si no puedes percibir el amor de Dios porque no sientes su presencia, piensa en lo que Él sacrificó para expresar su gran amor por sus hijos. No merecíamos Su amor, pero Él nos ama porque Él ES amor. "Difícilmente alguien muere por un justo; con todo, pudiera ser que alguno osara morir por el bueno. Mas Dios demuestra su amor con nosotros, en que, siendo aún pecadores, Cristo murió por nosotros" (Romanos 5:7-8).

Aunque obviamente éste es el máximo sacrificio de amor, veamos otra forma en la que Jesús nos ama. En Juan 13:1 vemos que "Sabiendo Jesús que su hora había llegado para que pasase de este mundo al Padre, como había amado a los suyos que estaban en el mundo, los amó hasta el fin". Entonces Jesús "se levantó de la cena, y se quitó su manto, y tomando una toalla, se la ciñó. Luego puso agua en un lebrillo, y comenzó a lavar los pies de los discípulos" (Juan 13:4-5). El Rey del Universo se humilló para servir a los que amaba y nos pidió que siguiéramos su ejemplo amando a nuestro prójimo.

Yo, Mary Beth, he vivido la experiencia de que alguien me lave los pies. Cuando éramos novios, un día Bob llegó a casa y me sorprendió llevando una rosa blanca en la mano. Me pidió que le trajera un recipiente con agua, una toalla y jabón. En silencio, Bob me sentó en el sofá mientras él se arrodillaba para lavarme los pies.

Asombrada y conmovida por la humilde y amorosa devoción de Bob, lloré mientras me lavaba y secaba los pies cuidadosamente. Estaba profundamente conmovida por la devoción y humildad de Bob hacia Dios y hacia mí. Prometió que me amaría sirviéndome humildemente, y así lo hizo. Después, Bob comentó que había más agua deslizándose por mis mejillas que la que había en el recipiente.

Cuando terminó, Bob levantó la vista y me preguntó: "Mary Beth, ¿te quieres casar conmigo?"

Me tomó por sorpresa y me invadió la emoción, ¡no tuve tiempo para asimilarlo! Y le respondí, "¡No sé!"

"Bueno... entonces, ¿te comprometerías conmigo?" me preguntó.

"¡Sí!, acepté emocionada. "Me comprometo contigo!"

Después de muchos años de matrimonio, Bob a veces bromeaba diciendo que seguía pensándolo. La verdad es que ¡me decidí enseguida! Tras casi treinta y nueve años de cuidarnos amorosamente a nuestros cuatro hijos y a mí, Bob se fue al cielo. El recuerdo de su hermosa propuesta de matrimonio, que reflejaba su preciosa alma, sigue siendo mi tesoro más preciado.

En Lucas 7:36-39, 44-50, leemos sobre otro lavado de pies. Uno de los fariseos rogó a Jesús que comiese con él. Y habiendo entrado en casa del fariseo, se sentó a la mesa. Entonces una mujer de la ciudad, que era pecadora, al saber que Jesús estaba a la mesa en casa del fariseo, trajo un frasco de alabastro con perfume; y estando detrás de él a sus pies, llorando, comenzó a regar con lágrimas sus pies, y los enjugaba con sus cabellos; y besaba sus pies, y los ungía con el perfume.

Cuando vio esto el fariseo que le había convidado, dijo para sí: "Este, si fuera profeta, conocería quién y qué clase de mujer es la que le toca, que es pecadora".

Entonces Jesús respondió:

¿Ves esta mujer? Entré en tu casa, y no me diste agua para mis pies; mas esta ha regado mis pies con lágrimas, y los ha enjugado con sus cabellos. No me diste beso; mas esta, desde que entré, no ha cesado de besar mis pies. No ungiste mi cabeza con aceite; mas esta ha ungido con perfume mis pies. Por lo cual te digo que sus muchos pecados le son perdonados, porque amó mucho; mas aquel a quien se le perdona poco, poco ama. Y a ella le dijo: Tus pecados te son perdonados.

Solamente una mujer podría haber expresado su amor por Jesús de esta manera tan dulce. Las viudas ocupan un lugar especial en el corazón de Dios. Jesús prestó especial atención a las viudas. Si deseas experimentar el amor de Dios de una manera más profunda, piensa en Jesús lavándote los pies. Como uno de Sus discípulos, también puedes imaginarte a ti mismo lavándole los pies en respuesta a Su gran amor por ti. Al adorarle, Él te llenará con la sensación de Su presencia amorosa.

En las buenas y en las malas

El problema del dolor en este mundo hace que muchas de nosotras pensemos: "Entonces, si Dios está conmigo, me ama y piensa en mí día y noche, ¿por qué permite que sucedan cosas malas en mi vida?" o "¿por qué permitió que mi esposo muriera?" Independientemente de que tu esposo haya fallecido repentinamente o haya sufrido durante un tiempo, quizá te preguntes cómo es posible que un Dios amoroso haya permitido su muerte. Lo cierto es que el amor de Dios no te libra de estas pruebas, pero en medio de ellas puedes confiar que Dios está contigo. Romanos 8:31 dice: "¿Qué, pues, diremos a esto? Si Dios es por nosotros, ¿quién contra nosotros?" "Bien saben que, cuando su fe es puesta a prueba, produce paciencia. Pero procuren que la paciencia complete su obra, para que sean perfectas y cabales, sin que les falte nada" (Santiago 1:3-4).

Sin embargo, hay ocasiones en las que, debido a la condición caída de este mundo, sufrimos por culpa de otras personas. Quizá la muerte de nuestro esposo se deba a la negligencia de un médico o una enfermera, a un conductor imprudente o ebrio, o un cuidador irresponsable.

Tal vez una persona malvada pudo haber causado la muerte de nuestro esposo. El Salmo 18 nos dice que ¡Dios se enfurece ante esto! "En mi angustia, clamé al Señor; sí, oré a mi Dios para pedirle ayuda. Él me oyó desde su santuario; mi clamor llegó a sus oídos". "El Señor tronó desde el cielo. La voz del Altísimo resonó entre el granizo y carbones encendidos". Dios se enojó por los males cometidos en tu contra.

Dios realmente se siente preocupado por la justicia: "Mía es la venganza, yo pagaré", dice el Señor (Romanos 12:19). Un día, Dios ajustará cuentas con quienes han lastimado a otros. No debemos hacer justicia por nuestra cuenta. Al contrario: "si tu enemigo tiene hambre, dale de comer; si está sediento, dale algo para beber; pues haciendo esto, ascuas de fuego amontonarás sobre su cabeza. No seas vencido de lo malo, sino vence con el bien el mal" (Romanos 12:20-21). Jesús dijo que si queremos que Dios nos perdone, debemos seguir Su ejemplo y perdonar a los demás de corazón (Mateo 18:35).

Cómo podemos superar los obstáculos

Desafortunadamente, las decisiones equivocadas que tomamos pueden hacernos sufrir. Aun así, nuestro maravilloso Dios de gracia es misericordioso y, como el padre del hijo pródigo, Él viene dispuesto a ayudarnos cuando acudimos a Él arrepentidos.

Superar el duelo puede ser complicado cuando una viuda lucha con sentimientos sin resolver como el miedo, el dolor, el enojo, el resentimiento o la culpa con respecto a su difunto cónyuge.

Por ejemplo, el período inicial del duelo puede prolongarse si la viuda teme no poder vivir sin su esposo. Es lógico que se sienta amenazada ante las nuevas circunstancias de su vida, como asumir las tareas que él realizaba o el hecho de vivir sola. Sin embargo, el duelo podría paralizarla si está convencida de que le será imposible aprender a valerse por sí misma. Puede aprender a sobrellevar la situación y encontrar esperanza a medida que comienza a apoyarse en Dios, como su nuevo Esposo, en su vida cotidiana.

Es posible que una viuda que ha cuidado de su esposo durante una enfermedad crónica sienta alivio cuando él fallece. Este alivio puede provocar sentimientos de culpa indebidos. La ausencia repentina de la necesidad de atender de manera constante y prolongada a su marido es también una pérdida, que dejará un vacío en su día a día. Tal vez se sienta confundida e incluso aburrida, sin saber qué hacer consigo misma o con su tiempo. Puede que no sepa cuál es su propósito después de su fallecimiento.

Es posible que un matrimonio tormentoso provoque cierto resentimiento complicando el duelo tras el fallecimiento del cónyuge. La viuda puede sentirse aliviada porque la tensión constante de la relación ha desaparecido. Quizá se sienta culpable por no experimentar la misma tristeza que otras viudas sienten. Una viuda dijo que su marido le proporcionaba seguridad económica y física, pero que era incapaz de expresar emociones, como empatía, compasión o amor, e incluso comentó que "Cuando falleció, ni siquiera lloré".

En algunos casos, las viudas luchan contra el enojo y el resentimiento hacia sus cónyuges, que murieron por descuidar su propia salud. O quizá falleció como resultado de una conducta imprudente o por haberse suicidado. De ser así, la viuda podría estar enojada, pensando que su esposo eligió morir y abandonarla.

Cualquiera que haya sido su caso, la viuda que atraviesa un duelo complicado debe afrontar primero sus emociones negativas antes de poder seguir adelante con el proceso de duelo. Puede que se culpe a sí misma por no sentir lo mismo que otras viudas, pero cuando comprende que Dios está a su lado, no en su contra, puede confiar en que Él le ayudará a liberarse de estos sentimientos.

Así que, ya sea que acabes de empezar esta experiencia de acercarte a Dios o que lo conozcas desde hace muchos años, cuando surjan las tribulaciones, como nos ocurrirá a todas, no cometas el error de culpar a Dios. Recuerda que Él está CONTIGO. Recurre a Él, no te alejes. El Salmo 46:1 dice que Él es refugio y fortaleza, nuestro pronto auxilio en las tribulaciones. Él HARÁ que TODAS las cosas sean para nuestro bien.

Ejercicio de reflexión

1. El tiempo nos ayudará a tener una perspectiva diferente sobre el sufrimiento y que no teníamos cuando atravesamos por una situación difícil. ¿Qué ves ahora de manera diferente que antes no percibías?

_____

_____

_____

_____

_____

_____

2. Cuando sufrimos una injusticia, podemos caer en la tentación de vengarnos. Pero Jesús nos mostró una mejor manera de afrontarlo cuando Él mismo nos enseñó a poner la otra mejilla (Mateo 5:39). Esto es contrario a la naturaleza humana porque tememos que nos sigan haciendo daño. En estos casos, Jesús es nuestro ejemplo. Él dijo en Juan 10:18 acerca de Su propia vida: "Nadie me la quita, sino que yo de mí mismo la pongo". Esto no significa que debamos sufrir maltratos por voluntad propia. Es importante tomar las medidas necesarias para protegernos y estar a salvo. Pero no devolvamos mal por mal, sino por el contrario, bendiciendo (1 Pedro 3:9). ¿En qué medida se aplican estos pasajes de la Biblia a tu proceso de duelo?

_____

_____

_____

_____

_____

_____

3. Una de las razones por las que puede resultar tan difícil desear el bien en lugar del mal es que tenemos miedo de que no se haga justicia. En tales casos, 1 Pedro 4:19 nos insta a encomendarnos a nuestro fiel Creador y seguir haciendo el bien. Debemos dejar la injusticia de la situación en manos de Dios y confiar en que Él sanará nuestras almas. ¡Él lo hará mucho mejor que nosotras mismas! Si estás luchando con una situación injusta, como un conflicto por una herencia o un problema familiar, haz una pausa ahora y encomienda en oración esta preocupación a Dios. No dudes en buscar ayuda profesional, si es necesario.

_____

_____

_____

_____

_____

_____

_____

Directriz #10 para fortalecerte

No sufras sola

Llora con los que lloran hasta que Dios mismo seque todas tus lágrimas.

Capítulo Diez
NO SUFRAS SOLA
Consolar a los que lloran

"El Espíritu del Señor esta sobre mí...para consolar a todos los enlutados; a ordenar que a los afligidos de Sion se les dé gloria en lugar de ceniza, óleo de gozo en lugar de luto, manto de alegría en lugar del espíritu angustiado"
(Isaías 61:2b-3).

Sé que Dios todo lo ve, pero ¿a Él le importa?

A Dios sí le importa cuando sufrimos. Él sabe que necesitamos Su ayuda cuando estamos afligidas. Dios no nos dice que seamos valientes y dejemos de llorar cuando sufrimos, sino que, como Padre amoroso, Él se preocupa mucho por cómo nos sentimos. El Salmo 56:8 dice: "Tú llevas la cuenta de todas mis angustias y has juntado todas mis lágrimas en tu frasco; has registrado cada una de ellas en tu libro". (NTV).

¡Jesús entiende nuestro sufrimiento!

Juan 11 cuenta la historia de tres hermanos, María, Marta y Lázaro que eran amigos muy cercanos de Jesús. Pero el hecho de que estuvieran cerca de Jesús no significaba que se librarían del sufrimiento en esta vida. Mientras Jesús se encontraba en otro pueblo, Lázaro enfermó gravemente. María y Marta, que habían visto a Jesús hacer muchos milagros, le pidieron que fuera a ver a su hermano y lo curara. Jesús, sabiendo que tenía la intención de resucitar a Lázaro, se retrasó intencionalmente hasta después de que Lázaro murió.

Cuando Jesús llegó, lo recibieron las hermanas de Lázaro y por un grupo de personas que lloraban. Aunque Él sabía que la situación era momentánea, sintió una gran tristeza. Jesús no les pidió a María, a Marta ni al resto de los dolientes que dejaran de llorar, sino que sintió empatía por ellos y compartió su dolor. Juan 11:33-36 nos dice: "Cuando Jesús la vio llorando (María), y a los judíos que la acompañaban, también llorando, se estremeció en espíritu y se conmovió". Jesús también lloró.

En su libro, *"Hope for Hurting Hearts"* (*Esperanza para los corazones heridos),* Greg Laurie señala que Jesús se conmovió en espíritu y se sintió "atribulado", aunque la palabra griega para "atribulado" podría traducirse como "enojado". ¿Por qué se entristeció Jesús cuando Él sabía que resucitaría a Lázaro de entre los muertos? ¿Por qué se enojaría Jesús por la muerte de Lázaro si Él se había alejado intencionalmente el tiempo suficiente para que Lázaro pasara por el proceso de la muerte?

Jesús dejó el Cielo para vivir entre nosotros como ser humano.

Hebreos 4:15 dice que Él se compadece de nuestras debilidades y dolencias. Él se aflige al igual que nosotras cuando nos enfrentamos a la enfermedad y a la muerte, por lo que Él puede sentir compasión por nosotras. Es natural sentir tristeza y enojo cuando la muerte nos arrebata a un ser amado. ¡Jesús es todo Dios y todo hombre! Por eso Él también se sintió triste y enojado por la muerte de Su amigo.

Más que un simple conocido, Jesús amaba y se preocupaba por María, Marta y Lázaro como su Salvador y su amigo. Conocían bien a Jesús como ser humano y como su Dios, y conocían mutuamente los detalles de la vida de cada uno.

Aunque parezca increíble, en Juan 15:15, Jesús, el Hijo de Dios, dice que Él ya no nos llamaría siervos, ¡sino amigos! Él dijo que un siervo no conoce lo que su amo hace, pero todo lo que Él (Jesús) ha recibido del Padre, ¡Él nos lo ha dado a conocer! Él conoce y se preocupa por cada detalle de nuestras vidas, y a través del Espíritu Santo en nuestros corazones, ¡podemos conocerlo a Él y también Sus planes!

Jesús fue El Gran Maestro. En este caso, Jesús estaba demostrando cómo acompañar y amar a los afligidos. Nos estaba enseñando a llorar con los que lloran. Estaba diciendo que "Es natural estar enojados, estar tristes, y llorar por la partida de tu ser querido". No reprendió a Marta y a María cuando lo culparon por dejar que su hermano muriera debido a su ausencia. Él tampoco se apresuró a corregir la situación antes de demostrarles que comprendía y se preocupaba por sus emociones.

Pero más allá de su interacción con estas hermanas, Jesús también estaba comunicando a los hombres, en todas partes y para siempre, que está bien que los hombres lloren. Jesús sabe que tanto los hombres como las mujeres necesitan llorar. El llanto es un don que Dios nos da para ayudarnos a aliviar el dolor de nuestro corazón cuando se desborda. Llorar no hace que un hombre sea menos viril. Jesús tenía el poder de la vida y la muerte en sus manos, pero aun así permitió abiertamente que otros vieran cómo Su tierno corazón se expresaba a través de las lágrimas.

Sin embargo, aun después de que Jesús demostró su presencia, amor y empatía, ¡Él no se detuvo ahí! Demostró que ¡Él ES la Resurrección y la Vida al levantar a Lázaro de entre los muertos! Al hacerlo, Jesús no solo le devolvió a Lázaro su vida terrenal, ¡sino que demostró que Jesús es el Único que tiene el poder sobre la muerte!

Si nuestros esposos murieron creyendo en Cristo, vivirán eternamente con Él. Si una viuda no sabe si su esposo creía o no en Jesús, puede confiar en que Dios será justo y compasivo. Nadie puede saber cuáles fueron los últimos pensamientos de una persona antes de fallecer. Como dice Génesis 18:25, "El juez de toda la tierra, ¿no ha de hacer lo que es justo?" La respuesta es "¡Sí!"

Si nuestros esposos murieron en la fe, creyendo que iban a ser sanados, tal vez nos debatiremos con esta pregunta: "¿Por qué no fue sanado?" Sabemos que Dios podría haberlo sanado si así lo hubiera querido. Después de todo, Jeremías 32:27 nos dice: "He aquí que yo soy Jehová, Dios de toda carne; ¿habrá algo que sea difícil para mí?" La capacidad de Dios no está en duda.

Tal vez una viuda se pregunte: "¿Por qué Dios no quiso sanar a mi esposo? ¿No le interesaba? ¿Yo? ¿Nuestros hijos? ¿Acaso no tuvimos suficiente fe? ¿No oramos lo suficiente?" Quizá sí oró, sí creyó y tenía suficiente fe, pero aun así Dios decidió llevarse a su esposo. Es posible que la viuda vuelva a enojarse con Dios por permitir que su esposo muriera. Tratar de resolver estas dudas es parte de la etapa de asimilación del duelo.

La respuesta a las preguntas de la viuda *no* está en la *capacidad* de Dios, sino en Su *carácter*. Dios es amor. Es justo. Es bondadoso. Es digno de confianza. Dios es un Dios bueno. Los caminos de Dios no son los nuestros. Sus pensamientos tampoco son los nuestros. Él tiene sus razones y todas ellas son, en última instancia, para nuestro bien y para Su gloria.

(Mary Beth explica) Me debatía con el hecho de que Bob y yo habíamos creído que Dios lo sanaría, hasta que su corazón dejó de latir. Como familia, oramos y ayunamos, creyendo sin dudar. Nos mantuvimos fieles a las promesas de la Palabra de Dios. Cientos de personas se unieron a nosotros en oración por Bob. Y aun así, Jesús se llevó a Bob a casa.

¿Qué pasó?

No tenía la respuesta a esta pregunta. Preferí confiar en Dios. Meses después, el Espíritu Santo me reveló que como Bob había fallecido creyendo fielmente, como los santos mencionados en el capítulo 11 de Hebreos, Dios le dio una recompensa especial cuando llegó al Cielo. "Y todos estos, aunque alcanzaron buen testimonio mediante la fe, no recibieron lo prometido; proveyendo Dios alguna cosa mejor para nosotros, para que no fuesen ellos perfeccionados aparte de nosotros" (Hebreos 11:39-40).

¿Cómo nos consuela Dios?

Dios es amor. ¡Dios comprende que necesitamos consuelo! Isaías 53 nos muestra cómo Jesús se identifica con nuestro dolor. En este pasaje, Él es nombrado como el "Varón de dolores" y dice que era experimentado en quebranto. No solo cargó con nuestros pecados en la cruz, sino que ¡Él soportó nuestro dolor y se llevó nuestras penas!, según lo relata Isaías. Él se preocupa profundamente cuando estamos tristes por la pérdida de un ser querido, la pérdida de una ilusión, o algo importante en nuestras vidas. Él nos conoce mejor que nadie y promete consolarnos como una madre o un padre lo haría con un hijo que sufre. Isaías 66:13 dice: "Como aquel a quien consuela su madre, así os consolaré yo a vosotros". ¿Quién puede dar mayor consuelo a un niño que su madre? Pero también tenemos una profunda necesidad de amor paternal y Dios ha prometido que "Como el padre se compadece de los hijos, se compadece Jehová de los que le temen. Porque Él conoce nuestra condición; se acuerda de que somos polvo" (Salmo 103:14).

Una vez más, Jesús expresó su amor como el de una madre cuando dijo: "¡Cuantas veces quise juntar a tus hijos, como la gallina junta a sus polluelos debajo de las alas!" (Mateo 23:37). Al igual que una gallina, Jesús desea cubrirnos con Sus alas y darnos consuelo y seguridad ante las inevitables tempestades de la vida. El Salmo 91:4 dice: "Con sus plumas te cubrirá, y debajo de sus alas estarás seguro; escudo y adarga es su verdad".

Al final, Dios enjugará personalmente toda lágrima de nuestros ojos. Ya no habrá muerte, ni tristeza, ni llanto, ni dolor, porque las primeras cosas (el mundo tal como lo conocemos ahora) habrán dejado de ser (Apocalipsis 21:4).

¡No sufras sola!

Así como Jesús lloró con María y Marta, Él sabe que no debemos recorrer nuestro doloroso camino de duelo solas. Necesitamos que otras personas nos acompañen mientras procesamos las emociones que conlleva la pérdida. ¡Jesús lo hizo con sus amigos y Él también nos ayudará! El duelo es el proceso por el cual nos desprendemos de lo que no podemos conservar. El duelo es el proceso mediante el cual nos desprendemos de lo que no podemos conservar. El duelo es la expresión visible del dolor que nos permite acercarnos a Dios y a los demás.

Un aspecto importante del ministerio de Jesús consiste en "proclamar el año de la buena voluntad del Señor... a consolar a todos los que están tristes" (Isaías 61:2-3a). Puesto que somos el Cuerpo de Cristo en esta tierra, también hemos recibido el ministerio de consolar a los demás en su dolor. Las personas que experimentan dolor necesitan el consuelo de hermanos y hermanas en Cristo. El "Dios de toda Consolación" nos consuela, para que "podamos consolar a otros cuando pasen por dificultades, podremos ofrecerles el mismo consuelo que Dios nos ha dado a nosotras. Pues, cuánto más sufrimos por Cristo, tanto más Dios nos colmará de su consuelo por medio de Cristo" (2 Corintios 1:4-5).

El dar y recibir consuelo, aumenta el vínculo y el amor entre las personas. Esta es una de las razones por las cuales Jesús dijo: "*Bienaventurados los que lloran, porque ellos serán consolados*" (Mateo 5:4). Por lo tanto, en lugar de decirle a alguien que "no llore", podemos expresar la compasión de Cristo llevando consuelo a los demás. Al hacerlo, estamos cumpliendo el mandamiento "Gozaos con los que se gozan; llorad con los que lloran" (Romanos 12:15).

¿Algún día terminará?

Cuando estamos en duelo, puede ser difícil imaginar que alguna vez volverá la felicidad a nuestra vida. Aunque en ese momento no lo parezca, la alegría regresará poco a poco. A pesar de que la depresión puede aparecer y permanecer como si fuese una nube gris sobre nosotras, el proceso del duelo tiene un final. Isaías 57:18 dice: "He visto sus caminos; pero le sanaré, y le pastorearé, y le daré consuelo". Asimismo, Jeremías 31:13 dice: "Cambiaré su lloro en gozo, y los consolaré, y los alegraré de su dolor".

Además, Jeremías 31:3-4 dice que Dios nos ama con amor eterno y nos atrae con Su misericordia. Por eso, con el tiempo volveremos a "salir a bailar con alegría".

Sufrimos de manera diferente

Aunque los cristianos estamos expuestos a las dificultades y pérdidas que conlleva vivir en la Tierra, ¡no nos afligimos como otros que no tienen esperanza! Dado que Jesús murió y resucitó, ¡sabemos que nosotras también resucitaremos para vivir eternamente con Él en el Cielo! Aunque la muerte causa gran dolor, "¡la resurrección de Jesús y la promesa de vida eterna eliminan el aguijón de la muerte!"

Testimonio de Mary Beth

Mi padre, el reverendo John M. Baker, era un hombre muy especial y amado. Pastor metodista independiente durante más de cincuenta años, fue muy amado por miles de personas. Pero para mí, ¡era mi papá y mi héroe! Vivió y amó de tal manera que ejemplificaba el corazón de mi amoroso Padre Celestial.

Cuando papá falleció a los ochenta años de edad, familiares y amigos viajaron desde distintos rincones del país para honrar su vida. Aunque mi familia sufrió mucho, descubrimos que la muerte había perdido su aguijón.

Mientras ayudaba a mi madre con los preparativos para el funeral, algunos familiares, junto con mi mamá y el pastor de papá, se reunieron en el salón de la funeraria donde yacía el cuerpo de papá. Ya no era más que el caparazón del hombre al que todos queríamos tanto. ¡Su espíritu estaba con Jesús! Sí, hubo lágrimas, pero como también nos gusta mucho la música, alguien empezó a entonar un himno de alabanza. Todos, incluida mi madre, la viuda doliente, nos tomamos de la mano y entonamos cánticos de alabanza y agradecimiento a Dios, muchas de las cuales habíamos cantado con nuestro padre (un *tenor* maravilloso). ¡Dejamos de cantar porque nos dimos cuenta de que quizá habíamos cantado tan fuerte y con tanta alegría que tal vez perturbamos a las personas que estaban de visita en otros salones de la funeraria! Entonces el pastor elevó una oración muy significativa para la familia antes de despedirnos de mi padre con mucho cariño y con lágrimas en los ojos.

Este tipo de regocijo en medio del dolor solo es posible a través del poder del Espíritu Santo y la certeza de que nuestro ser querido está ¡en los brazos de Jesús!

¡Transmítelo!

Podemos transmitir este consuelo a quienes nos rodean y que también han sufrido una pérdida, porque tenemos esperanza y el consuelo del Espíritu Santo. A continuación encontrarás algunos consejos prácticos para ayudar a otras personas que atraviesan un duelo:

1. Haz una visita, una llamada telefónica o envía una tarjeta o una carta. La persona en duelo valora especialmente los mensajes por escrito durante mucho tiempo. "The Widows Project" (El Proyecto para Viudas) cuenta con tarjetas apropiadas para ocasiones especiales de una viuda, tales como su cumpleaños, su aniversario de bodas, el cumpleaños de su esposo y el aniversario de su fallecimiento. Visita thewidowsproject.org (en inglés) para más información.
2. No te preocupes si no sabes qué decir. Muchas veces, tu sola presencia, un abrazo o llorar juntas bastan para expresar que te importa la situación por la que atraviesa la persona en duelo. "Llorar con los que lloran" (Romanos 12:15).
3. Trata de reconfortar a la persona doliente diciéndole que el duelo es necesario para su recuperación.
4. Escucha con compasión a la viuda cuando exprese sus pensamientos y sentimientos. Es posible que te quiera platicar de su esposo.
5. No tengas miedo de hablar del ser querido que ha fallecido, pero comparte recuerdos que le animen.
6. No sólo digas, "Avísame si necesitas algo", ofrécele apoyo concreto y útil.
7. Recuerda que necesitará apoyo durante meses porque el duelo requiere tiempo.
8. Dale muestras de apoyo mediante la oración durante su duelo.

El duelo es un proceso con un principio y un final. Aunque las cosas nunca volverán a ser como antes de la pérdida del ser amado, encontraremos una "nueva normalidad" y volveremos a sentir felicidad y alegría. El llanto puede durar toda la noche, pero el Salmo 30:5 nos asegura que "¡a la mañana vendrá la alegría!"

Ejercicio de reflexión

1. Un proverbio hondureño dice: "La alegría compartida es doble alegría. El dolor compartido es la mitad del dolor". Dios sabe que cuando sufrimos necesitamos de los demás, por eso Romanos 12:15 dice: "Alégrense con los que están alegres y lloren con los que lloran". ¿Qué familiares, amigos, ministros o personas que pueden ayudarte forman parte de tu red de apoyo durante tu proceso de duelo? ¿Quiénes son las personas que te ofrecieron su ayuda?

_____

_____

_____

_____

_____

_____

2. Evalúa la posibilidad de integrarte a un grupo de apoyo para procesar tu duelo. Los grupos cristianos de apoyo, como The Widows Project y GriefShare, se reúnen en muchas iglesias o en grupos a través de Zoom. Los grupos de duelo seculares también pueden ser útiles, pero no brindan esperanza en Jesús. No te aísles, sé proactiva y busca en Internet grupos de apoyo que se reúnen cerca de ti.

_____

_____

_____

_____

_____

_____

3. Describe tu dolor y compártelo abiertamente con Dios ahora y, cuando sea posible, con amigos cercanos en quienes confías. Recuerda el pasaje de Mateo 5:4 que dice: "Bienaventurados los que lloran, porque ellos recibirán consolación" (Mateo 5:4).

    _____

    _____

    _____

    _____

    _____

    _____

4. Para vivir el duelo de manera adecuada, debemos entender lo que implica la pérdida. Cada pérdida tendrá múltiples niveles. Por ejemplo, perder un trabajo no solo significa perder ingresos, sino también la pérdida de la convivencia diaria con los compañeros de trabajo.

    La siguiente tarea es laboriosa, así que hazla con calma y, si es posible, con alguien en quien confías. Si actualmente estás sufriendo una pérdida o has tenido una pérdida en el pasado que aún no has superado, primero identifica la pérdida principal y, luego enumera las pérdidas secundarias relacionadas con ella.

    _____

    _____

    _____

    _____

    _____

    _____

    _____

    _____

Directriz #11 para fortalecerte

DEJA BRILLAR TU LUZ

Fortalécete a través de tu pérdida y
conviértete en una bendición para los demás.

CAPÍTULO ONCE

DEJA BRILLAR TU LUZ
TU TRANSFORMACIÓN GLORIFICA A DIOS

*"Y serán llamados robles de justicia, plantío del SEÑOR
para gloria suya" (Isaías 61:3b).*

Dios es el labrador

Isaías 61:3b dice que seremos llamados "Robles de Justicia". ¿Un "roble de justicia"? ¿Acaso es un cumplido? Sí, ¡lo es! Como la madera de un roble, hermosa y funcional, Dios nos hará mujeres hermosas y fuertes para servirle a Él. Qué honor pensar que al permitir que Jesús viva a través de mí, puedo convertirme en una plantación del Señor, ¡un hermoso árbol en Su jardín, que lo glorifica! Isaías 61:11 describe el huerto de Dios: "Porque como la tierra produce su renuevo, y como el huerto hace brotar sus semillas, así el Señor hará brotar la justicia y la alabanza delante de todas las naciones".

Además, en Juan 15:1 Jesús dice: "Yo soy la Vid Verdadera y mi Padre es el Labrador". En el versículo 5, Jesús continúa diciendo que nosotras somos los sarmientos de la Vid Verdadera, que es Jesús. Él dice que si permanecemos en Él y Él permanece en nosotras, produciremos mucho fruto. No podemos hacer nada sin Él.

Para producir una abundante cosecha de frutos, un labrador experto podará las ramas, ya que si no se podan, las ramas delgadas serán incapaces de sostener el fruto. Nosotras tenemos que elegir. Como viudas, podemos decidir si permanecer en Él o no y aceptar su amorosa poda. Jesús promete: "Si permanecéis en Mí y Mis palabras permanecen en ustedes, pedid todo lo que queréis, y os será hecho. En esto es glorificado mi Padre, en que llevéis mucho fruto, y seáis así mis discípulos" (Juan 15:7 y 8). Si nuestras vidas son fructíferas reflejarán la magnificencia del Labrador y Sus propósitos en y a través de nosotras.

¡Dios es el alfarero!

Isaías describe a Dios como un alfarero en Isaías 64:8. "Y a pesar de todo, oh, Señor, eres nuestro Padre; nosotras somos el barro y Tú, el alfarero".

Cuando el esposo de una mujer muere, es posible que ella no se entusiasme con la decisión del alfarero, pero como plantea Isaías 29:16: "¿será posible que sean tan necios? ¡Él es el alfarero y, por cierto, es más grande que ustedes, el barro! ¿Acaso la cosa creada puede decir acerca del que la creó, Él no me hizo? ¿Alguna vez ha dicho una vasija: "El alfarero que me hizo es un tonto?" O como dice la versión TLA: "¡Pero eso es un disparate! Es como si el plato de barro quisiera ser igual a quien lo hizo. Pero no hay un solo objeto que pueda decir a quien lo hizo: "¡Tú no me hiciste!" Tampoco puede decirle: ¡No sabes lo que estás haciendo!"

¡Qué absurdo sería responder a Dios de esa manera! Por eso, aunque no apreciemos la manera en que Él nos moldea y nos transforma, podemos recordar que Dios sabe lo que hace. Él realmente hace que todas las cosas cooperen para nuestro bien (Romanos 8:28). Él nos renueva en una vasija que es aún más valiosa que la original.

Y entonces te preguntarás: "Pero ¿cómo puedo yo, una viuda, ser una vasija hermosa y funcional si he sido quebrantadas?"

En el arte del mosaico, las piezas de cerámica o de porcelana rotas, que de otro modo se habrían desechado, se reconstruyen para transformarse en obras de arte, especialmente bellas y valiosas. Cuando nos entregamos al designio del Alfarero, los mosaicos reparados de nuestras vidas son aún más hermosos como si nunca se hubieran roto.

Hace muchos años, en un retiro para mujeres donde Mary Beth dirigía la alabanza, una mujer que había sufrido mucho debido a un matrimonio difícil e hijos rebeldes, compartió que, durante los momentos de oración y alabanza, Dios le mostró una imagen de su corazón. Se había roto en muchos pedazos. Luego vio los pedazos de su corazón unidos de nuevo, pero esta vez, ¡Dios había reparado los pedazos rotos con oro puro! ¡Él había restaurado su corazón de una manera que nadie más podría hacerlo!

¡No te dejes sorprender!

Jesús nos advirtió que en este mundo tendríamos problemas, pero con la ayuda de Dios, a medida que maduramos a través de las adversidades, podemos llegar a ser más fuertes que nunca. En algún momento, todas sufriremos una pérdida. Entonces tendremos que elegir cómo reaccionaremos ante el dolor. Algunas personas culpan a Dios y se alejan de Él cuando sufren. En lugar de fortalecerse en la adversidad, se convierten en personas amargadas y llenas de resentimiento. Es una postura peligrosa, porque Dios se resiste a los soberbios, pero da gracia a los humildes (Santiago 4:6). Dios tiene mejores planes para nosotras. En lugar de culpar a Dios, 1 Pedro 5:6-11 nos muestra el camino de Dios que lleva de la humildad hasta la victoria:

> "Humíllense, pues, bajo la poderosa mano de Dios, para que Él los exalte a su debido tiempo. Depositen en Él toda ansiedad, porque Él cuida de ustedes. Practiquen el dominio propio y manténganse alerta. Su enemigo el diablo ronda como león rugiente, buscando a quien devorar. Resístanlo, manteniéndose firmes en la fe, sabiendo que sus hermanos en todo el mundo están soportando la misma clase de sufrimientos.

Y el Dios de toda gracia, que os llamó a su gloria eterna en Cristo, después de que hayáis padecido un poco de tiempo, Él mismo os perfeccione, afirme, fortalezca y establezca. A Él sea el poder por los siglos de los siglos. Amén.

El diablo también tiene un plan para las viudas. No tiene la más mínima compasión. Es perverso y oportunista cuyo objetivo son las viudas en su vulnerabilidad. Los expertos en defensa personal explican que un delincuente necesita tener tres elementos básicos para cometer un crimen:

- El deseo de cometer un crimen,
- La habilidad para cometer un crimen,
- La oportunidad para cometer un crimen.

Como no podemos controlar el deseo y la capacidad de un delincuente para asaltarnos, podemos protegernos si no le damos la oportunidad para hacerlo. Dios ha dado a los cristianos recursos para defendernos del enemigo. El diablo no solo es un criminal, sino también un cobarde. Santiago 4:7 nos instruye a "...someternos a Dios, resistir al diablo y el huirá de nosotras".

Dios también nos provee de su armadura para que la usemos diariamente. Efesios 6:10-18 nos aconseja sobre su uso.

Por último, fortalézcanse con el gran poder del Señor. Pónganse la armadura de Dios para que puedan hacer frente a las artimañas del diablo. Porque nuestra lucha no es contra seres humanos, sino contra poderes, contra autoridades, contra potestades que dominan este mundo de tinieblas, contra fuerzas espirituales malignas en las regiones celestiales. Por lo tanto, pónganse la armadura de Dios para que cuando llegue el día malo puedan resistir hasta el fin con firmeza. Manténganse firmes, ceñidos con el cinturón de la verdad, protegidos por la coraza de justicia, y calzados con la disposición de proclamar el Evangelio de la Paz. Además de todo esto, tomen el escudo de la fe, con el cual pueden apagar todas las flechas encendidas del maligno. Tomen el casco de la salvación y la espada del Espíritu, que es la palabra de Dios. Oren en el Espíritu en todo momento, con peticiones y ruegos. Manténganse alerta y perseveren en oración por todos los santos.

Por eso, cuando nos enfrentamos a problemas en este mundo, podemos elegir:

- Ser humildes y no culpar a Dios,
- Protegernos y resistir al diablo, y
- Prepararnos y adoptar la manera en que Dios ve el sufrimiento.

El Apóstol Pedro escribió en 1 Pedro 4:12-16, 19: "Queridos amigos, no se sorprendan de las pruebas de fuego por las que están atravesando, como si algo extraño les sucediera. En cambio, alégrense mucho, porque estas pruebas los hacen ser partícipes con Cristo de su sufrimiento, para que tengan la inmensa alegría de ver su gloria cuando sea revelada a todo el mundo". Por lo tanto, según Pedro, podemos afrontar las dificultades con una actitud positiva si nos acordamos de lo siguiente:

- No dejarnos sorprender,
- Regocijarnos al participar en los sufrimientos de Cristo, y
- Sentir inmensa alegría cuando la gloria de Jesús sea revelada.

Tú eres la luz del mundo

Cuando sufrimos pero seguimos haciendo el bien, glorificamos a Dios. Así como una vela dentro de una vasija rota alumbra a través de las fisuras, así las viudas podemos brillar para Jesús, incluso en nuestros quebrantos. En Mateo 5:14-16, Jesús dijo:

Ustedes son la luz del mundo. Una ciudad en lo alto de una montaña no puede esconderse. Tampoco se enciende una lámpara para cubrirla con una vasija. Por el contrario, se pone en el candelero para que alumbre a todos los que están en la casa. Hagan brillar su luz delante de todos, para que ellos puedan ver las buenas obras de ustedes y alaben a su Padre que está en los cielos.

Pero ¿qué significa permitir que tu luz brille para Jesús? Así como la luna refleja la maravillosa luz del sol, los cristianos reflejan la gloria del Hijo de Dios. Por lo tanto, deja que tu luz brille, no para que la gente vea lo maravilloso que eres *tú*, sino para que vean, a través de tus buenas obras, ¡lo maravilloso que es *Dios!* A medida que pasamos tiempo con Él a través de la Palabra, la oración y la fraternidad, nos pareceremos cada vez más a Cristo. Todos "reflejaremos la gloria del Señor" a medida que "somos transformados a Su parecer con un continuo aumento de su gloria, lo cual proviene del Señor, quien es Espíritu" (2 Corintios 3:18). Podemos brillar para Jesús incluso en los momentos más oscuros de nuestras vidas.

Ejercicio de reflexión

1. Describe a algunas de las personas de la Biblia que fueron transformadas después de ser quebrantadas y se convirtieron en manifestaciones del esplendor de Dios. ¿Cómo eran "antes" y "después"?

_____

_____

_____

_____

_____

_____

_____

_____

_____

_____

2. ¿Tú o alguien que conoces, ha pasado por este proceso de transformación? De ser así, comparte la historia del "antes" y "después".

_____

_____

_____

_____

_____

_____

_____

3. A pesar de tu dolor, recuerda que Dios te entregó la vida de Su Hijo para que puedas superar la adversidad. Esto no es solo para animarte, sino ¡también para traer gloria a Su Nombre! Reflexiona sobre lo que dice Romanos 8:32: "Él que no escatimó ni a su propio Hijo, sino que lo entregó por todas nosotras, ¿cómo no nos dará también con Él todas las cosas?" Dedica un momento para dar gracias a Dios por Su sacrificio de enviar a Jesucristo, y luego pídele específicamente la ayuda que necesitas.

_____

_____

_____

_____

_____

_____

_____

_____

_____

_____

_____

_____

INVIERTE EN EL FUTURO

Cuando glorificas a Dios a través de tu dolor, te conviertes en un ejemplo que motivará a las generaciones por venir.

Capítulo Doce
Invierte en el futuro
Reconstruyendo a las generaciones

"Reconstruirán las ruinas antiguas, reparando ciudades destruidas hace mucho tiempo. Las resucitarán, aunque hayan estado desiertas por muchas generaciones" (Isaías 61:4).

Ruinas restauradas, devastación renovada

Dios es un Gran Arquitecto y Reconstructor, aunque la devastación haya prevalecido durante muchas generaciones. El libro de Nehemías es un cumplimiento parcial de Isaías 61:4, donde el pueblo de Dios, dirigido por Nehemías, reconstruyó los escombros de las murallas de Jerusalén.

En lugar de ruinas y devastación, vergüenza y desgracia, Dios promete una doble bendición a quienes le pertenecen. No solo seremos bendecidas nosotras, sino que podemos confiar que nuestros hijos y sus hijos también recibirán Su bendición: "En vez de su vergüenza, mi pueblo recibirá doble porción; en vez de deshonra, se regocijará en su herencia; y así en su tierra recibirá doble herencia y su alegría será eterna" (Isaías 61:7, NVI). Dios promete bendecir a los hijos de quienes le pertenecen.

Una viuda llorará la pérdida del padre de sus hijos, pero sus hijos lamentarán sus pérdidas de manera distinta. Cada hijo extrañará a su padre de manera particular porque cada uno tenía su propia relación con él. Incluso los amigos de su esposo tenían una relación distinta con él, y no sufrirán como ella.

Para las generaciones venideras

¿Cómo quieres que te recuerden? ¿Alguna vez lo has pensado? Seamos conscientes de ello o no, dejamos una huella en quienes nos rodean. Entonces, ¿por qué no vivir pensando en las generaciones venideras?

En la facultad de medicina (narra el Dr. Meier) aprendí de acuerdo al concepto: "Ver, hacer y enseñar a uno". Primero aprendí observando a mis profesores y a otros médicos con experiencia, luego practiqué a su lado y después ayudé a otros estudiantes de medicina enseñándoles lo que yo había aprendido. El mismo principio puede aplicarse cuando atravesamos un duelo. Con la ayuda de Dios y la aplicación de las directrices que encontrarás en este libro, podrás resurgir más fortalecida. Pero ¡no nos conformemos con eso! Podemos transmitir los principios que hemos aprendido de nuestra experiencia para ayudar a nuestros hijos, amigos y seres queridos a aprovechar la sabiduría que hemos adquirido. De este modo, estarán mejor preparados para resolver las futuras pérdidas que inevitablemente tendremos todas.

Cuando nuestros hijos eran pequeños (los de Mary Beth), les enseñamos a repartir el dinero en tres tarros. Uno tenía una etiqueta para "Dios", el segundo, "Ahorrar", y el tercero, "Gastar". Recientemente, cuando cuidaba a los hijos de nuestro hijo David, me encantó ver tres tarros etiquetados, y sí, acertaste: "Dios", "Ahorrar" y "Gastar".

Algunas lecciones, como ésta, se enseñan expresamente. Otras simplemente se aprenden a lo largo de la vida cotidiana. Y otras no "se asimilan" hasta que nuestros hijos se convierten en adultos y tienen sus propios hijos. ¿Qué lecciones quieres transmitir a la siguiente generación?

La lección más importante

Por supuesto que la lección más importante que podemos enseñar a las nuevas generaciones es ¡cómo conocer a Jesús! ¡Así se cierra el círculo! Siempre debemos anteponer lo primero. Como dice Pablo en Hechos 16:31, "Cree en el Señor Jesucristo, y serás salvo, tú y toda tu casa". ¿De qué sirve enseñarles acerca de esta vida e ignorar la vida eterna que ha de venir? ¡De nada! Como nos recuerda Joel 1:3: "Cuéntenlo a sus hijos y que ellos se lo cuenten a los suyos, y estos a la siguiente generación".

Pon el ejemplo

Además de compartir el Evangelio con la siguiente generación, podemos llevar una vida que agrada a Dios que les servirá de ejemplo mucho después de que nos hayamos ido. Aunque no seamos conscientes de ello, ¡los acontecimientos de hoy pueden ser recordados por nuestros hijos, nietos e incluso bisnietos que aún no han nacido! ¿Qué tipo de recuerdos les quieres dejar? Ya sea que tengas hijos biológicos o no, la fe en Cristo, transmitida a través de los hijos espirituales, puede tener un gran impacto que va ¡más allá de "nosotras"! Por ejemplo, Carmen Harris-Taylor, madrina de los hijos de Mary Beth, tendrá muchos hijos en el Cielo debido a las personas que ha amado, servido y guiado a la fe en Cristo en todo el mundo.

En 2003, asistí a una reunión de oración donde una señora maravillosa, llamada Fran Lance oró por mi hijo Steve y por mí. Como la oración fue grabada, la pude transcribir. Fran no me conocía bien, pero ahora ¡me asombran los tiempos de Dios! Lee el maravilloso mensaje de aliento que el Señor me dio mientras Fran oraba:

Padre, bendecimos a tu hija ahora en el nombre de Jesús. Gracias, Señor. El Señor me dice a través de Job 13:15, "He aquí, aunque Él me matare, en Él esperaré". Te he visto; has hecho todo lo posible. "Seguiré a Dios pase lo que pase".

Sí, la vida no ha sido como tú esperabas, El Señor dice: "Has soportado los golpes". Te veo sobre un cuadrilátero y has aprendido a esquivar los puñetazos. Estos golpes no son causados por el Señor y Él quiere que lo sepas. La gente a veces piensa que el Señor la está castigando. Pero el Señor dice: "Hija, te amo tanto". Y de ninguna manera, Él jamás te castigaría ni permitiría ningún tipo de maltrato en tu vida. Pero Él ha dado al hombre libre albedrío y es esa decisión del hombre que te ha maltratado.

Mas el Señor dice: "Hija, he sacado oro de ti a través de todo esto." Job 23:10-12. "Mas él conoce mi camino; Me probará, y saldré como oro. Mis pies han seguido sus pisadas; guardé su camino, y no me aparté. Del mandamiento de sus labios nunca me separé; Guardé las palabras de su boca más que mi comida".

Así es como el Señor te ve y estás resurgiendo como el oro. El oro se purifica en el fuego. No te conformaste con la plata, no requiere tanto calor como el oro, pero dijiste, "Señor, voy por todo. No quiero solo esta plata". Vas por todo.

Salmos 78:2-4 dice: "Hablaré cosas escondidas desde tiempos antiguos, las cuales hemos oído y entendido, que nuestros padres nos las contaron. No las encubriremos a sus hijos, contando a la generación venidera". Lo que el Señor quiere decirte es que en la medida que le enseñes a tu hijo, eso también se transmitirá a la siguiente generación, incluso a la siguiente y así sucesivamente. Los versículos 6 y 7 dicen: "Para que lo sepa la generación venidera, y los hijos que nacerán; y los que se levantarán lo cuenten a sus hijos, a fin de que pongan en Dios su confianza". Así que, al entregar tu vida a tu hijo o hijos, el Señor te dice: "Esto pasará a la siguiente generación, incluso a aquellos que aún no han nacido".

Gracias, Señor. Bendecimos a Tu hija. Te damos gracias, Señor, por sanar su corazón herido, y por ser el Sanador. La Biblia dice que el Señor está cerca de los que están heridos, con el corazón quebrantado. Salmos 147:3-5 dice: "Él sana a los quebrantados de corazón y venda sus heridas. Él cuenta el número de las estrellas; a todas ellas llama por sus nombres. Grande es el Señor nuestro y de mucho poder. Su comprensión supera todo entendimiento!" La bendecimos en el nombre de Jesús. Amén.

Como podrás imaginar, ¡esta fue una hermosa bendición y un enorme consuelo! Si tú también has sido purificada por el fuego, querida viuda, me gustaría compartir esta oración contigo. Por favor, ¡recibe esta oración de aliento y hazla tuya!

Los más pequeños le pertenecen

A Dios le importa nuestro sufrimiento. Él vela por nosotras y nos ayuda en el proceso de recuperación. ¡Pero los más pequeños también nos observan! Honremos a Dios, incluso en nuestro proceso de recuperación, para que quienes vengan detrás de nosotras tengan un ejemplo que les aliente cuando enfrenten las inevitables pérdidas de la vida. Por supuesto, desearíamos librar a nuestros hijos y nietos de las adversidades, pero nuestras oraciones y nuestro ejemplo pueden acompañarlos aún después de que hayamos partido.

Todos sufrimos en este mundo; es la naturaleza de la vida. Pero Jesús nos ha dicho que no nos preocupemos por esto porque Él está preparando un lugar en el Cielo para aquellos que creen en Él. ¡Viviremos en la Casa del Padre para siempre! Allí, ¡todo es perfecto! En Juan 14:1-3 Jesús dijo:

"No se angustien. Confíen en Dios, confíen también en mí. En el hogar de mi Padre hay muchas viviendas. Si no fuera así, ¿les habría dicho yo a ustedes que voy a prepararles un lugar allí? Y si me voy y se lo preparo, vendré para llevármelos conmigo. Así ustedes estarán donde yo esté".

La nube de testigos

El capítulo 12 de Hebreos comienza con estos versículos que ya conocemos: "Por lo tanto, ya que estamos rodeados por una enorme multitud de testigos de la vida de la fe, quitémonos todo peso que nos impida correr, especialmente el pecado que tan fácilmente nos hace tropezar. Y corramos con perseverancia la carrera que Dios nos ha puesto por delante". En esa nube de testigos están nuestros esposos, familiares y amigos que han muerto en Cristo, que nos observan mientras corremos y nos animan para que sigamos adelante.

¡Esta gran nube incluye a quienes se nos han adelantado, así como a aquellos que vendrán después de nosotras! Nuestro camino de fe a través del sufrimiento puede infundir valor a nuestros hijos, nietos y a aquellos que aún no han nacido. Nuestras vidas fortalecidas por Dios pueden enseñar a quienes vendrán después de nosotras, e incluso a muchas generaciones después de nuestra partida, a ser perseverantes en sus propias pruebas y ¡hacer grandes cosas para Dios!

¡Los hijos son nuestras flechas!

Cuando tenía diecinueve años (relata Mary Beth) y me sentía triste por una gran decepción, mi padre sabio me consoló con este pensamiento: "Cuando un arquero dispara una flecha, cuanto más atrás tire del arco, más lejos viajará la flecha". Aunque en aquel momento no entendía muy bien lo que significaba, ahora me doy cuenta de que, como cristianos, podemos rendirnos ante el Arquero, que usará lo que parece ser un contratiempo para "lanzarnos" más lejos de lo que hubiéramos podido llegar de no haber surgido ese contratiempo.

Salmos 127:4-5 dice que los hijos son una recompensa y una herencia del Señor, y que son como flechas en las manos de un guerrero. Como guerreras en una batalla espiritual, a través de nuestras oraciones y buen ejemplo, podemos disparar las "flechas" de nuestros hijos biológicos y espirituales hacia el futuro ¡para ganar batallas para el Reino de Dios!

Del mismo modo, los sacrificios de nuestros sufrimientos por Jesús darán muchos frutos, no solo a lo largo de nuestra vida, sino que, a medida que las siguientes generaciones se llenen de valor con nuestro ejemplo, servirán para que el Reino de Dios pueda avanzar, ¡produciendo treinta, sesenta e incluso cien veces más frutos!

Oración generacional

Para finalizar este libro, compartimos contigo una Oración para bendecir a las generaciones futuras. Puedes personalizar esta oración para tus hijos biológicos y/o espirituales, para tus nietos, ¡e incluso para aquellos que están por nacer!

Mi querido Padre Celestial,
Te pedimos que bendigas a las generaciones que nos seguirán. Te pedimos que te conozcan a muy temprana edad. Pedimos que te amen y te sirvan todos los días de sus vidas. Te pedimos que crezcan y alcancen la sabiduría, la estatura y la gracia ante Dios y ante los hombres, como lo hizo Jesús.

Pedimos que puedan compartir con la siguiente generación Tus obras dignas de alabanza, Tu poder y las maravillas que Tú has hecho. Te pedimos que enseñen a sus hijos Tus grandes obras, para que la próxima generación pueda conocerlas, incluso los niños que aún no han nacido, para que ellos, a su vez, se los cuenten a sus hijos. Te pedimos que confíen en Ti, que no olviden Tus obras y que cumplan tus mandamientos.

Oramos para que cuando se enfrenten a las pruebas de la vida, recuerden que los sufrimientos que experimenten en esta vida no se comparan con la gloria que será revelada en la otra vida. Te pedimos que estén a nuestro lado en el Cielo, alabándote por la manera en que Tú nos has guiado, mientras nos transformabas de gloria en gloria. Y te pedimos que no vengan solos, sino que, a través de la fe en Cristo, lleven consigo al Cielo a un gran número de personas.

En el nombre de Jesús, Amén.

Ejercicio de reflexión

1. El plan de Dios es que nuestros hijos tengan una vida de bendición y paz, como dice Isaías 54:13: "El Señor instruirá a todos tus hijos y grande será su paz". Si por algún motivo tus hijos no están disfrutando de esta paz en este momento, dedica unos minutos para describírselo al Señor y pedirle la paz que Él ha prometido.

_____

_____

_____

_____

_____

_____

_____

_____

_____

_____

2. Proverbios 13:22 dice que: "La gente buena deja herencia a sus nietos". En este caso, no solo nos referimos a una herencia material, sino a un legado de devoción que bendecirá a las generaciones venideras, ¡incluso a aquellas que aún no han nacido! Es asombroso pensar en el impacto que tiene nuestra vida cotidiana en tantas otras personas. Reflexiona sobre lo que tus padres y abuelos te han transmitido. ¿Qué deseas transmitir a tus hijos y tus nietos?

_____

_____

_____

_____

_____

_____

_____

_____

_____

_____

_____

3. ¿Y el legado de quienes nunca han tenido hijos? ¿Cómo pueden dejar un legado a las generaciones por venir? A lo largo de los años, mujeres devotas han dedicado sus vidas a instruir a generaciones. Mujeres como la Madre Teresa de Calcuta, Helen Keller y Corrie ten Boom, han influido y guiado a millones de personas con sus ejemplos de integridad, valentía, amor y generosidad. Si no tienes hijos en este momento, ¿cómo te gustaría vivir tu vida de tal manera que impacte a las generaciones del futuro?

_____

_____

_____

_____

_____

_____

_____

_____

4. Aunque admiramos a los grandes ejemplos de la fe en nuestra cultura, ¡ninguno de ellos fue perfecto! No tenemos que vivir vidas perfectas para influir en quienes nos siguen. De hecho, algunas de nosotras podríamos glorificar mejor a Dios hablando de su maravilloso perdón y restauración en nuestras vidas, o de cómo nos salvó de alguna desgracia o desastre. Por ejemplo, puedes escribir una carta a tus hijos, nietos u otras personas cercanas, contándoles lo que Dios ha hecho para ayudarte a superar la pérdida de tu esposo. ¿Cuál es el legado que te gustaría dejarles?

_____

_____

_____

_____

_____

_____

_____

_____

_____

_____

_____

_____

Doce directrices para fortalecerte

1. **Lo primero es lo primero.** Desarrolla una relación íntima con Jesús, el Poder Supremo, porque será imposible superar tu dolor con tus propias fuerzas. "El Espíritu de Jehová el Señor está sobre mí, porque me ungió Jehová; me ha enviado a predicar buenas nuevas a los abatidos" (Isaías 61:1).

2. **No sufras sola.** Entrega tu corazón quebrantado a Dios y a Su pueblo para recibir la sanidad de ambos. "El Espíritu de Jehová el Señor está sobre mí... me ha enviado a vendar a los quebrantados de corazón" (Isaías 61:1).

3. **Las conexiones te llevan a la libertad.** Para poder sanar de verdad, debes aprender a compartir tu historia con personas en las que confíes, así como con Jesús. "El Espíritu del Señor soberano está sobre mí...me ha enviado a proclamar que los cautivos serán liberados y que los prisioneros serán puestos en libertad" (Isaías 61:1).

4. **Con la ayuda de Dios, ¡libérate de ellos!** Libérate de todo impedimento. "Por eso, también nosotras, que estamos rodeados de tantos testigos, dejemos a un lado lo que nos estorba, en especial el pecado que nos molesta, y corramos con paciencia la carrera que tenemos por delante" (Hebreos 12:1).

5. **Sigue viendo hacia arriba.** Haz del CRECIMIENTO PERSONAL una prioridad aún mayor que la de superar tu duelo. "Puestos los ojos en Jesús, el autor y consumador de la fe..." (Hebreos 12:2a).

6. **Resiste.** Cuando sientas que ya no puedes más, resiste. "Puestos los ojos en Jesús, el autor y consumador de la fe, el cual por el gozo puesto delante de él sufrió la cruz, menospreciando el oprobio, y se sentó a la diestra del trono de Dios" (Hebreos 12:2b).

7. **No te desalientes.** Cuando experimentes la disciplina, recuérdate a ti misma que Dios es un Padre bueno, y di: "Mi Abba (Papá) Padre me ama". Si nosotras, como madres, queremos que nuestros hijos nos respeten, "¿por qué no obedeceremos mucho mejor al Padre de los espíritus y viviremos?" (Hebreos 12:10).

8. **No te des por vencida.** Recuerda que tu victoria está por llegar. "Por lo cual, levantad las manos caídas y las rodillas paralizadas; y haced sendas derechas para vuestros pies, para que lo cojo no se salga del camino, sino que sea sanado" (Hebreos 12:12-13).

9. **Recuerda que Dios está a tu lado.** El amor de Dios no se basa en tu comportamiento, sino en Su bondad. "El Espíritu del Señor está sobre mí... para proclamar el año de la buena voluntad de Jehová, y el día de venganza del Dios nuestro" (Isaías 61:2).

10. **No sufras sola.** Llora con los que lloran hasta que Dios mismo seque todas tus lágrimas. "El Espíritu del Señor esta sobre mí...para consolar a todos los enlutados; a ordenar que a los afligidos de Sion se les dé gloria en lugar de ceniza, óleo de gozo en lugar de luto, manto de alegría en lugar del espíritu angustiado" (Isaías 61:2b-3).

11. **Deja brillar tu luz.** Fortalécete a través de tu pérdida y estarás MEJOR preparada para ser una bendición para los demás. "Y serán llamados robles de justicia, plantío del SEÑOR para gloria suya" (Isaías 61:3b).

12. **Invierte en el futuro.** Cuando glorificas a Dios a través de tu dolor, te conviertes en un ejemplo que alentará a las generaciones por venir. "Reconstruirán las ruinas antiguas, reparando ciudades destruidas hace mucho tiempo. Las resucitarán, aunque hayan estado desiertas por muchas generaciones" (Isaías 61:4).

Lecturas complementarias para viudas
(en inglés)

Aldrich, Sandra P.
Will I ever Be Whole Again?:
Surviving the Death of Someone You Love
(¿Volveré a sentirme plena? Cómo sobrevivir a la muerte de un ser querido)

Burke, John
Imagine Heaven (Imagínate el cielo)

Calligaro, Julie A.
The Widow's Resource:
How to Solve the Financial and Legal Problems
that Occur within Six to Nine Months of Your Husband's Death"
(Recurso de la viuda: Cómo resolver los problemas financieros y legales que
surgen a los seis o nueve meses de la muerte de su cónyuge)

Cornish, Carol
The Undistracted Widow:
Serving God after Losing your Husband (La viuda sin distracciones: Cómo servir
a Dios después de perder a su esposo)

Davis, Verdell
Let Me Grieve but Not Forever (Déjame llorar, pero no por siempre)

Feinberg, Linda
I'm Grieving as Fast as I Can:
How Young Widows and Widowers Can Cope and Heal (Estoy atravesando el
duelo lo más rápido posible: Cómo los viudos y viudas jóvenes pueden hacer
frente a la situación y sanar)

Felber, Marta
Finding your Way after Your Spouse Dies
(Cómo encontrar el camino tras la muerte de su cónyuge), muchos recursos en
la contraportada del libro

Ginsburg, Genevieve Davis
Widow to Widow:
Thoughtful, Practical Ideas for Rebuilding Your Life: Challenges, Changes,
Decision-making and Relationships (De viuda a viuda:
Ideas reflexivas y útiles para reconstruir tu vida: Retos, cambios, decisiones y
relaciones)

GriefShare
Through a Season of Grief:
Devotions for your Journey from Mourning to Joy (En medio del duelo:
Reflexiones para transitar del luto a la alegría)

Groves, Elizabeth W. D.
Becoming a Widow:
The Ache of Missing Your Other Half (Convertirse en viuda:
El dolor de echar de menos a tu media naranja)

Haugk, Kenneth C.
Finding Hope and Healing:
Journeying through Grief series, Libro 3 (Cómo encontrar la esperanza y la
sanación: Serie El viaje a través del duelo)

Lyons, Christine, y Schaefer, Dan
How do we Tell the Children?:
A Step-by-Step Guide for Helping Children
Two to Teen Cope when Someone Dies (¿Cómo decírselo a los niños? Una guía
detallada para ayudar a los niños de dos a doce años a afrontar la muerte de
una persona)

Mabry, Richard L.
The Tender Scar (La cicatriz frágil)

Morrell, Ben con Lisa Morrell
Greatly, Deeply
(Enormemente, profundamente) (Escrito por uno de los integrantes de Seattle
Widows)

Neff, Miriam
From One Widow to Another (De una viuda a otra)

Pappas, Kristine
Widow for a Season:
Finding Your Identity in Christ (Viuda por un tiempo: Cómo encontrar tu
identidad en Cristo)

Pink, Arthur W.
Comfort for Christians (Consuelo para cristianos)

Rogers, Joyce
Grace for the Widow:
A Journey through the Fog of Loss (Gracia para la viuda: El camino a través de
la niebla de la pérdida)

Sissom, Ruth
Instantly a Widow (Viuda repentina)

Sittser, Jerry
A Grace Disguised (Una gracia oculta)

Wright, H. Norman
Reflections of a Grieving Spouse (Reflexiones de un cónyuge en duelo)

Zonnebelt-Smeege, Susan J.
Getting to the Other Side:
Overcoming the Loss of a Spouse (Cómo transitar al otro lado: Cómo sobreponerse a la pérdida del cónyuge)

Cómo encontrar a un buen terapeuta

Por Mary Beth Woll, MA, LMHC (maestría en salud mental)

"¿Qué? ¿Buscar un terapeuta? ¿Necesito terapia? Con un poco de fuerza de voluntad, podré afrontarlo yo sola, ¿no?"

Lo cierto es que todo el mundo necesita recibir consejo, en algún momento, de sus seres queridos, familiares y amigos de confianza, pastores, consejeros y profesionales. ¡Tomar esta decisión tan importante puede salvar la vida de una persona y podría cambiar el rumbo de muchas generaciones futuras!

Antes de iniciar la búsqueda de un terapeuta, debemos definir claramente qué es lo que necesitamos.

- ¿Cuáles son mis síntomas?
- ¿Representan una amenaza inminente a la seguridad de alguien?
- ¿Quieres incluir la espiritualidad en la terapia?
- ¿Será terapia individual, de grupo o familiar?
- ¿Se necesita un especialista para tratar casos como el trastorno bipolar, el trastorno por estrés postraumático u otros?
- ¿Cómo podré pagarlo? ¿Puedo utilizar mi seguro de gastos médicos mayores? (Actualmente en Estados Unidos, los hijos están cubiertos por el seguro de sus padres hasta los 26 años, aunque estén casados). ¿Ofrecen una tarifa variable?
- ¿Podría un grupo de apoyo o de asesoría general proporcionarme lo que necesito o necesito un profesional especializado en mi situación?

Ante tantas interrogantes, ¿cabe preguntarse por qué muchas personas no acuden nunca a un terapeuta? Hay respuestas favorables a todas estas preguntas, pero incluso antes de responderlas, normalmente hay otros obstáculos a los que hay que enfrentarse, como por ejemplo, ¿cómo saber siquiera cuándo ha llegado el momento de buscar a un profesional?

¿Cómo puedo saber si necesito terapia?

Veamos un ejemplo, si una persona se resfría, debe tomar más líquidos y descansar. Si el resfriado persiste, tal vez tomará vitaminas o medicamentos para el resfriado sin necesidad de una receta. Si sigue evolucionando y se convierte en bronquitis o neumonía, ¡es hora de ir al médico! En estos casos, sería imprudente y muy grave seguir auto medicándose.

Del mismo modo, es importante reconocer cuándo las necesidades emocionales, conductuales o anímicas rebasan la capacidad de la red de apoyo personal. Es entonces cuando hay que dejar de "arreglárselas por sí misma" y ¡buscar ayuda profesional!

Como cristiana, ¿no debería confiar en mi iglesia y en mi fe en lugar de recurrir a un terapeuta?

El entorno espiritual de una persona o las costumbres religiosas con las que se ha criado pueden ser un obstáculo para recibir apoyo profesional. A muchas personas se les ha enseñado que si su fe es lo suficientemente fuerte, no necesitan recurrir a un consejero externo. Algunos se preguntarán: "¿Está bien que un cristiano vaya a terapia? Si fuera una 'mejor cristiana', no necesitaría terapia, ¿cierto? ¿No debería limitarme a leer la Biblia y orar más?"

Este tipo de pensamiento puede prolongar el dolor de una persona y aumentar innecesariamente la pena que pueda estar experimentando. Si alguien se enfrenta a un trauma o a un abuso del pasado, a algún tipo de adicción o a cualquier otro problema de salud mental, un consejero profesional puede ser un instrumento de ayuda y un aliado formidable. En estos casos, decirles: "No necesitas terapia. Simplemente conviértete en un mejor cristiano, y fortalece tu fe", o "Basta con que leas la Biblia y ores más", puede condenarles a sufrir durante más años los síntomas, a evadirse y a adoptar estrategias de respuesta poco saludables, en lugar de ayudarles. En una comunidad de fe y amor, realmente deberíamos alentarnos unos a otros a buscar la ayuda que necesitamos, y recibirla de un consejero calificado es una opción saludable y maravillosa.

¿Y los medicamentos?

En algunos casos, el tratamiento de la depresión, la ansiedad y el trastorno bipolar, entre otros, requiere tomar medicamentos de manera justificada e inmediata. ¡Esto no debe minimizarse, como tampoco se puede aconsejar a una persona diabética que no tome su insulina! A menudo la gente se opone a empezar a tomar medicamentos; piensan que los hace parecer débiles o incluso "locos". Lo cierto es que el cerebro es un órgano, y como tal, puede enfermarse. En ciertas circunstancias, el cerebro se forma de manera diferente desde el nacimiento y requiere tratamiento médico.

Muchas personas cristianas, y en particular las que han superado la adicción a las drogas, tienen problemas en usarlos y rechazan los medicamentos, pensando que un "buen cristiano" no necesitaría un antidepresivo o un tranquilizante. Esta idea errónea puede privar a muchos del tratamiento que tanto necesitan. Evidentemente, es verdad que Dios sana, pero Él también recurre a la medicina y no nos condena por ello. Jesús lo confirmó cuando dijo en Mateo 9:12: "Los sanos no tienen necesidad de médico, sino los enfermos". Orar por los enfermos es un ministerio vital de la iglesia, pero es muy peligroso no recomendar el uso de medicamentos, ¡sería como si los domingos por la mañana en la iglesia hiciéramos una fila y nos recetáramos medicamentos unos a otros! Esto requiere un profesional de la salud mental.

Aunque los terapeutas no recetan medicamentos, pueden diagnosticar y recomendar el tratamiento adecuado, que es más eficaz cuando se combina con la terapia.

¿Mi pasado está afectando actualmente a mi vida y mis relaciones?

Algunas personas son víctimas de abusos sexuales en la infancia u otros traumas aterradores o imposibles de comprender para un niño, y los recuerdos de esa terrible experiencia no desaparecen. Son tan perturbadores que la mente puede proteger a la persona bloqueándolos en el subconsciente durante años, mientras la persona sigue adelante con su proceso de crecimiento. Posteriormente, estos recuerdos pueden manifestarse como síntomas de conducta inexplicables o vacíos en los recuerdos de la infancia. Cuando estos síntomas resurgen en la edad adulta, la persona puede necesitar a alguien que le ayude a expresar y resolver lo que antes no podía comunicar.

Si están listas para afrontar el pasado, no es seguro ni recomendable hablar de ello con cualquier persona, aunque los amigos y la familia puedan desempeñar un rol en el proceso de recuperación. Es importante que acudan a alguien debidamente calificado y experto en este tipo de ayuda; de lo contrario, es posible que la intervención de una persona sin preparación cause más daño durante el proceso.

¿Cómo puede ayudarme la terapia en mi vida personal?

Además de la depresión, la ansiedad y los síntomas postraumáticos, las relaciones interpersonales pueden llegar a ser tan conflictivas o distantes que se necesita la opinión y la ayuda de un tercero. Tales situaciones pueden ser demasiado complejas para la red de apoyo de la viuda conformado por amigos y familiares. Una vez más, es necesaria la ayuda profesional. En estos casos, recurrir a un psicólogo es lo más sensato para poder desenvolverse bien en el ámbito familiar y laboral.

¿Qué tipo de terapeuta es el más indicado para mí?

Parte de la confusión a la hora de encontrar un buen terapeuta se encuentra en la formación profesional.

- Los psiquiatras suelen identificarse como "Dr." o con "MD" después de su nombre, en inglés, o al principio en español. Estos médicos se especializan en el diagnóstico y tratamiento de enfermedades mentales o psiquiátricas. Están capacitados en asesoría psicológica, pero normalmente se basan en el historial de síntomas del paciente para recetar el tratamiento adecuado y recomendar a los pacientes que acudan a un terapeuta. Aunque los médicos generales recetan la inmensa mayoría de los antidepresivos en los Estados Unidos, yo prefiero recomendar un psiquiatra cuando se necesita tomar algún medicamento, porque, como especialistas, pueden detectar una falta de atención imperceptible que puede marcar una gran diferencia al indicar el tratamiento adecuado.

- Los psicólogos (PhD o PsyD, en inglés) tienen un doctorado en psicología. En español u otros países de habla hispana se usa "Psicólogo" o "Psic." y cuentan con licenciaturas, maestrías o doctorados en psicología. Los psicólogos no recetan medicamentos, pero pueden referir a un psiquiatra, si fuera necesario.
- Los terapeutas con maestría en salud mental (LMHC, LCPC, por sus siglas en inglés) tienen una maestría en psicología, además de tres mil horas de práctica posterior a la maestría para poder obtener su licencia médica. Son terapeutas que pueden diagnosticar y tratar una serie de trastornos como la depresión, la ansiedad, el trastorno bipolar, el trastorno de estrés postraumático (TEPT), el abuso sexual, el trastorno de déficit de atención e hiperactividad (TDA/TDAH), el duelo, la tendencia al suicidio, la adicción, el abuso de sustancias, la gestión del estrés, los problemas de autoestima, la salud emocional y los problemas familiares, de paternidad y matrimoniales.
  Además de atender a pacientes individuales, pueden tratar a parejas y familias. No recetan medicamentos, pero pueden recomendar a un psiquiatra.
- Los especialistas en terapia matrimonial y de familia (LMFT, por sus siglas en inglés) son terapeutas con una maestría en psicología y experiencia posterior a la maestría (similar a la del terapeuta con maestría en salud mental), pero con una formación más especializada en temas relacionados con el matrimonio y la familia. También pueden tratar todos los trastornos mencionados anteriormente.
- Los licenciados en trabajo social (MSW, LCSW, por sus siglas en inglés) también tienen estudios a nivel maestría en Trabajo Social y experiencia posterior a la misma. Se especializan en prestar servicios para ayudar al funcionamiento psicológico y social de sus pacientes. Los trabajadores sociales también pueden tratar los temas terapéuticos mencionados. Además, están especialmente capacitados para brindar asesoría y recursos que ayuden a una persona a desenvolverse mejor en su entorno y en sus relaciones interpersonales.
- Los consejeros pastorales (Rev., M Div, Pastor) suelen ser ministros

autorizados u ordenados que también han recibido capacitación como consejeros. Por lo general, se centran en los principios de la Biblia, la formación y dirección espiritual y el mejoramiento de las relaciones personales. Es importante señalar que, dependiendo de cómo o dónde fue ordenado el Pastor, puede que no se le haya exigido ningún tipo de capacitación como consejero. Por lo tanto, asumir que un Pastor está capacitado para aconsejar en temas de salud mental es peligroso.

(NOTA: En los Estados Unidos, los estados tienen licencias parecidas pero pueden utilizar diferentes nombres o siglas y exigir distintos requisitos. Por ejemplo, un terapeuta con maestría en salud mental (LMHC) en el Estado de Washington es equivalente a un terapeuta con maestría en salud clínica (LCPC) en el Estado de Illinois, aunque puede haber algunas diferencias. Cuando programes una cita con un especialista, no dudes en preguntarle cuál es su título profesional o qué significan las siglas después de su nombre).

¿Cómo sé si he encontrado al terapeuta adecuado para mí?

Para tratar de responder a algunas de estas dudas, les compartiré cómo encontré a mi propio terapeuta. Sí, ¡los terapeutas también necesitamos terapia! Todos tenemos algún problema o una herida que sanar. Entre más sana esté, seré una mejor terapeuta. Experimentar el proceso también me ayuda a sentir empatía por mis pacientes que están atravesando este proceso.

A continuación detallo los factores que me parecieron importantes al buscar un terapeuta:

- **Cobertura:** Formaba parte de la red de mi seguro de gastos médicos mayores.
- **Competencias:** Estudió en una universidad reconocida y tiene un buen historial laboral.
- **Convicción:** Hay ciertos principios morales que para mí no son negociables. No deseaba lidiar con estas cuestiones durante la terapia, pero necesitaba a alguien que compartiera esta postura conmigo para que pudiera aconsejarme mejor. Como mi fe influye en mis decisiones, elegir a una terapeuta cristiana era EL aspecto más importante para mí.
- **Compasión:** Descubrí que es una persona muy comprensiva, lo cual también es fundamental para mí. Si sintiera que el terapeuta no se preocupa por mí, buscaría otra opción.
- **Conexión:** Ella y yo congeniamos, lo cual hace que la terapia sea mucho más agradable.

- **Congruencia:** Es una persona responsable y confiable. Cuando voy a terapia, sé qué esperar.
- **Conveniencia:** Su oficina está a media hora de distancia manejando, lo cual me pareció una distancia razonable para recibir una buena terapia.

Encontrar una excelente terapeuta ha sido de gran ayuda para mí. Espero que estas sugerencias también te ayuden a encontrar un terapeuta que se adapte a ti. Como consejera, ¡sé que tengo la oportunidad de cambiar vidas todos los días! A veces puede ser un proceso lento y progresivo, como la ortodoncia. Otras veces, es como una cirugía cardiovascular, crucial e inmediata y para otras es como la fisioterapia: un esfuerzo constante, a largo plazo y que fortalece la resistencia.

Iniciar el proceso de terapia requiere valor. A menudo experimentaremos cierta resistencia interna o de los demás, pero esto es lógico y previsible. Sin embargo, los beneficios que obtienes valen la pena, ya que estos cambios en nuestra vida pueden ser profundos, permanentes y enriquecedores, no solo para nosotras, sino también para nuestros seres queridos. ¡Incluso un cambio de vida puede modificar el curso de las cosas para las generaciones por venir!

Bibliografía (en inglés)

Anne Sullivan Biography. n.d. http://www.biography.com/people/anne-sullivan-9498826#teaching-helen-keller (consultado el 20 de abril de 2014).

Harriet Tubman Biography. n.d. http://www.biography.com/people/harriet-tubman-9511430 (consultado el 31 de octubre de 2014).

Helen Keller Biography. n.d. http://www.biography.com/people/helen-keller-9361967#synopsis (consultado el 20 de abril de 2014).

Helen Keller Foundation . n.d. http://www.helenkellerfoundation.org/helen-keller/ (consultado el 29 de abril de 2014).

Henry, Matthew. The Blue Letter Bible, Matthew Henry Commentary. n.d. https://www.blueletterbible.org/Comm/mhc/Rev/Rev_002.cfm (consultado el 31 de octubre de 2014).

Holmes, Leonard. How the "Widowhood Effect" Puts Widows at Risk After a Spouse's Death. n.d. http://www.verywellmind.com (consultado el 21 de octubre de 2020).

Keller, Helen. The Story of My Life . n.d. http://www.afb.org/mylife/book.asp?ch=P1Ch6 (consultado el 1 de noviembre de 2014).

Liddell, Eric. The Eric Liddell Centre . n.d. http://www.ericliddell.org/ericliddell/home (consultado el 31 de octubre de 2014).

Lucado, Max. God Thinks You're Wonderful. Nashville: Thomas Nelson, 2003.

Woll, Mary Beth; Meier, MD, Paul. Growing Stronger: 12 Guidelines to Turn Your Darkest Hour into Your Greatest Victory. New York: Morgan James Publishing, 2015.

Wright, Rolland. The Widows Project: Serving the Widowed with the Father's Heart. Everett: The Widows Project, 2019.

Acerca de los autores

Mary Beth Woll, MA, LMHC Mary Beth Woll estuvo casada con Bob durante casi treinta y nueve años antes de que el Señor lo llevara a su hogar celestial. Bob y Mary Beth fueron ministros de música durante veinte años. Tuvieron cuatro hijos y ocho nietos. Mary Beth tiene una maestría en psicología y consejería, y trabaja como terapeuta en las Clínicas Meier. También es coautora de un libro con Paul Meier, M.D., *"Growing Stronger:* 12 Guidelines to Turn Your Darkest Hour into Your Greatest Victory" (Doce directrices para transformar los momentos más oscuros en tu mayor victoria).

Linda Smith

Linda Smith estuvo casada con Kirby durante treinta y siete años, y tuvieron dos hijos y seis nietos. Tiene experiencia en educación, tanto cristiana como secular, y ha sido maestra en todos los grados. También ha dirigido varios grupos de apoyo para viudas desde que enviudó en 2013.

Paul Meier, M.D.

El doctor Paul Meier es psiquiatra y fundador de la cadena nacional de las Clínicas Meier. También es autor de más noventa libros de los cuales se han vendido más de siete millones de copias en más de treinta idiomas. www.meierclinics.com

Oración generacional

Mi querido Padre Celestial,
Te pedimos que bendigas a las generaciones que nos seguirán. Te pedimos que te conozcan a muy temprana edad. Pedimos que te amen y te sirvan todos los días de sus vidas. Te pedimos que crezcan y alcancen la sabiduría, la estatura y la gracia ante Dios y ante los hombres, como lo hizo Jesús.

Pedimos que puedan compartir con la siguiente generación Tus obras dignas de alabanza, Tu poder y las maravillas que Tú has hecho. Te pedimos que enseñen a sus hijos Tus grandes obras, para que la próxima generación pueda conocerlas, incluso los niños que aún no han nacido, para que ellos, a su vez, se los cuenten a sus hijos. Te pedimos que confíen en Ti, que no olviden Tus obras y que cumplan tus mandamientos.

Oramos para que cuando se enfrenten a las pruebas de la vida, recuerden que los sufrimientos que experimenten en esta vida no se comparan con la gloria que será revelada en la otra vida. Te pedimos que estén a nuestro lado en el Cielo, alabándote por la manera en que Tú nos has guiado, mientras nos transformabas de gloria en gloria. Y te pedimos que no vengan solos, sino que, a través de la fe en Cristo, lleven consigo al Cielo a un gran número de personas.

En el nombre de Jesús, Amén.

www.ingramcontent.com/pod-product-compliance
Lightning Source LLC
Chambersburg PA
CBHW071232020426
42333CB00015B/1438